Als die Mauer fällt, ist Andrea Hanna Hünniger fünf. Sie wächst in ein neues Land hinein, dem eine große Zukunft prophezeit wird. Doch es ist nicht mehr das Land ihrer Eltern. Eltern und Lehrer schweigen. Und zwischen ihnen und der jungen Generation tut sich eine riesige, unüberwindbare Kluft auf.

Andrea Hanna Hünniger ist die Erste ihrer Generation, die sich traut, laute Fragen zu stellen. Mit teils frecher, teils hoch literarischer Stimme zeichnet sie ein so persönliches wie berührendes Porträt vom Ostdeutschland nach der Wende.

Andrea Hanna Hünniger, geboren 1984 in Weimar, wuchs dort in den Neunzigerjahren in einem Plattenbauviertel auf. Sie studierte Literatur, Geschichte und Philosophie in Göttingen und Berlin. Sie schrieb als freie Autorin für die FAZ und FAS und ist heute Autorin für Die Zeit.

Andrea Hanna Hünniger

Das Paradies

MEINE JUGEND
NACH DER
MAUER

Berlin Verlag Taschenbuch

FSC
www.fsc.org

MIX
Papier aus ver-
antwortungsvollen
Quellen
FSC® C083411

Februar 2013
© 2011 Klett-Cotta – J. G. Cotta'sche Buchhandlung
Nachfolger GmbH, gegr. 1659, Stuttgart
Umschlaggestaltung: Rothfos & Gabler, Hamburg,
unter Verwendung einer Fotografie von
© Textureking (www.textureking.com)
Druck und Bindung: Clausen & Bosse, Leck
Printed in Germany
ISBN 978-3-8333-0861-1

www.berlinverlag.de

Inhalt

1. Siedlung

Ein Indianer besteigt einen Hügel, strauchelt, hält sich an Grasbüschel und Wacholderbüschen fest. Oben stützt er sich gegen den Wind. Die Augen gehen auf, die Sonne geht auf. In der Ferne kann er andere Hügel sehen, weite Felder. Damit es angenehmer ist, legt er ein Kissen auf die Gleise und seinen Kopf darauf. Er schüttelt das Kissen noch einmal auf, testet die richtige Position für seinen Körper. Quer über die Gleise. Er braucht den Überblick. So ist es gut, so kann man lange liegen. Er weiß nicht genau, wann ein Zug kommt, es gibt keinen genauen Plan, er wird es dann hören. Eine Hand bindet er am Gleis fest.

Um drei Uhr nachmittags ist der große Platz gesperrt. In der Mitte unseres Plattenbauviertels wird ein gigantischer Supermarkt eröffnet. Endlich. Es ist nicht der erste Supermarkt, den wir sehen, aber der größte, ein Labyrinth, ein Disneyland für den täglichen Bedarf. Es heißt, es soll eine richtige Spielzeugabteilung geben. Fleischtheken, deren Ende man nicht sehen kann. Das ganze Viertel ist gekommen. Auf dem Vorplatz versammeln sie sich, orientieren sich an Bratwurstständen, an kostenlosen Schutzhüllen für eine künftige EC-Karte, die verteilt werden (»Mama, was ist das?« – »Eine

Schutzhülle für eine EC-Karte.« – »Was ist eine Schutzhülle für eine EC-Karte?« – »Eine Schutzhülle für eine EC-Karte, was sonst?«). Von der Bank natürlich, die nebenan auch eröffnet. Kugelschreiber und Kredite gibt es auch, kostenlos. Fast. Überall muss man was unterschreiben und kann dann Zettel mitnehmen und Kugelschreiber und Schutzhüllen. Versicherungen auch. Obwohl man da inzwischen skeptisch geworden ist. Aber der Einstieg in die Finanzwelt ist reizvoll. Aktien, Fonds, alles ist möglich. Ich träume, dass wir in einem weißen Haus auf einer großen grünen Wiese wohnen werden. Vielleicht auch mit einer Terrasse mit fest installiertem Grillplatz und Grillzange.

Luftballons mit dem Supermarktlogo hängen an Plastikmarkisen, Schlager donnern metallen über den Platz mit den großen, aufgerissenen Betonplatten. Es ist Februar 1995 in Weimar, in der größten Plattenbausiedlung der Stadt, und ohne es richtig mitzubekommen, beiße ich in einen Pfannkuchen mit Senffüllung.

Eine Schlange bildet sich vor dem Eingang. Man solle endlich die Türen öffnen, ruft einer und lacht. Wir frieren. Meine Mutter prüft ihren Einkaufszettel. Die meisten haben ein Faschingskostüm an. Marienkäfer sind viele Frauen, vor allem die Kindergärtnerinnen oder Lehrerinnen oder Krankenschwestern. Als Indianer gehen die Kinder. Wer Arbeit hat, den erkennt man am Faschingskostüm, das heute schon im Betrieb vorgeführt wurde, die meisten sind schon ein bisschen alkoholisiert. »Siehste, im Kapitalismus musste och warten.« Dann geht die automatische Tür auf, Menschen in weißen Kitteln stehen am Eingang und begrüßen die Menge, von der sie sofort umgerannt werden.

Meterhohe Regale, Produkte wie nach Farben geordnet.

Wir stehen vor den Regalen wie vor einer Goldader. Damit hat niemand gerechnet. Erst einmal stehen alle lange in der Gemüseabteilung, die gleich am Eingang ist. So viele Möglichkeiten, so viele Gänge, die man wählen kann, dass sich niemand bewegt. Aus den Lautsprechern dudelt Radiomusik. Durchsagen: »Herzlich willkommen im Globus-Supermarkt.«

»Wo gibt's denn hier Tinte für den Füllfederhalter?«, fragt meine Mutter eine Frau im weißen Kittel, die Pakete aufreißt. »Reichlich vorhanden«, sagt sie. »Reichlich« sagt sie, als wäre das etwas ganz Neues, sie sagt es in jedem Satz, reichlich Platz, reichlich Zeit, als sage man das als neue Bundesbürgerin.

»Reichlich« ist irgendwie untertrieben. Ein großes Regal verschiedener Größen und Formen, Farben und Verpackungen strahlt uns entgegen. Meine Mutter zieht aus ihrer Jackentasche eine leere, alte, zerknitterte Pelikan-Packung und vergleicht diese mit denen im Regal. Sie prüft jede Reihe, wühlt sich in die Tiefen des Regals hinein wie eine besessene Schatzgräberin. Ich lehne am Wagen. Dann scheint sie gefunden zu haben, was sie sucht, und schmeißt es in den Wagen, die leere Packung steckt sie in die Jackentasche.

Wir schieben unseren Wagen durch die Reihen, links und rechts leuchtende Suppendosen, viele verschiedene Arten von Klopapier. Dreilagig normal, dreilagig de luxe, vierlagig Luxusplüsch, Feuchttücher. »Das ist ja auch eine ganz schöne Verschwendung!«, sagt meine Mutter, und das erinnert mich an einen Besuch in Frankfurt am Main, wo sie auf einer öffentlichen Toilette nach einem Handtuch suchte, um sich die Hände zu trocknen. Sie kam entgeistert aus der Toilette und klopfte meinem Vater auf die Schulter: »Die trocknen sich hier die Hände mit Papier ab!«

Jedenfalls biegen wir so um die Ecke und da geht mein Puls unheimlich hoch, weil vor uns die Süßigkeitenabteilung erscheint, sie leuchtet und blinkt und ist bunter als alles, was ich bisher gesehen habe. Dann hält mich meine Mutter fest, und ich merke, dass mir der Mund aufsteht, und ich sehe andere Mütter, die andere Kinder festhalten, und manche ziehen etwas aus dem Regal und rennen zum Einkaufswagen und schmeißen es rein, und als meine Mutter eine Packung Kaugummi nimmt und liest, was da so drin ist, packe auch ich alles, was ich greifen kann, in den Wagen: Milka-Schokolade, Kinderschokolade, Überraschungseier, Gummi-Colaflaschen, Gummibärchen, Toffifee, Mohrenköpfe, Liebesperlen, Zuckerstangen, Hanuta und weiße Mäuse. »Weiße Mäuse? Mama! Bitte!« Und meine Mutter dreht sich um, beobachtet mich und sagt dann: »Kannst du gleich wieder alles schön aus dem Wagen zurück ins Regal bringen.«

Mir laufen die Tränen übers Gesicht. »Wozu gibt's denn dann Süßigkeiten?«

»Früher brauchten wir nicht ständig Süßigkeiten. Oder hast du heute etwa Geburtstag?«

»Nein.«

»Ist Weihnachten?«

»Nein.«

»Na dann.«

»Scheiß DDR.«

»Fräulein.«

Etwas ratlos und verwirrt bummeln wir Richtung Kühlbereich. Überall hängen Plakate mit lachenden, jungen Familien drauf. »Hier gibt's mehr Werbung als je für den Sozialismus«, sagt meine Mutter. In meinem Kopf entsteht das

Bild eines gewissen Dings namens Sozialismus, er ist klein, bucklig und schlecht gelaunt und hat große, weiße Zähne. Ich weiß nicht, warum, etwas von Zahnarzt muss ich da mitdenken. Das einzig Bekannte im Supermarkt sind die alten Fliesen. Wo sich die Gänge zwischen den Regalen kreuzen und man einen Nachbarn trifft, grüßt man, weiß aber nicht, welche Vorfahrtsregeln hier gelten. Rechts vor links. Bitte, nach Ihnen. Danke. Sehr höflich fahren wir alle schön hintereinander, eine Reihe. Einkaufen in Zeitlupe. An einem kleinen Stand bietet eine breit grinsende Dame in einem grauen Kostüm und mit glattgeföhnten, an der Schulter wie eine Schanze nach außen schwingenden blonden Haaren kleine Kuchen an: »Versuchen Sie mal den Helmut-Kohl-Gedenkkuchen, den man gleich mit der Verpackung essen kann.« Große Begeisterung in den Gesichtern. Um sie herum stehen ein paar Leute aus unserem Haus und kauen fleißig, während die Frau dahinter eifrig die braunen Klumpen zusammen mit der Verpackung in Scheiben schneidet und parallel zueinander vor sich aufbaut. Stefan Meyer winkt uns ran: »Hier! Kannst du kosten. Gar nich mal so schlecht. Denk ich mal.« – »Kosten« sprach er aus, als wäre es ein Wort aus edelsten Kreisen. Ich renne sofort hin und stecke mir ein paar Kuchenstücke in die Jackentasche. »Du hast aber ein schönes Indianerkostüm an. Bist du Winnetou?«, sagt die Frau zu mir und hält mir einen der braunen Klumpen ins Gesicht. Was für eine Frage, natürlich bin ich Winnetou. »Sie haben einen sehr hübschen Jungen«, sagt die Frau zu meiner Mutter und meine Mutter sagt danke.

Genau genommen fressen sich unsere Nachbarn und ich von da an fast täglich an den Probierständen im Supermarkt durch. Einmal gab es Weltraumnahrung, und man konnte viele im Viertel sehen, wie sie an Weltraumeis, Sorte Fürst Pückler mit Waffel, knusperten: »Schmeckt och«, hieß es. Und das stimmt auch, Weltraumeis schmeckt genauso wie richtiges Eis, nur dass es eben warm war und trocken, und das war ja sinnlos, weil man Eis isst, damit einem kälter wird im Sommer, dachte ich.

Plötzlich stoppen die Männer ihr Kauen und meine Mutter den Einkaufswagen. Es wird ganz still. Nur einer muss von dem Kuchen kurz aufstoßen, dann hören alle auf ein Lied aus den Lautsprechern, das jeder zu kennen scheint, nur ich nicht. »Dass wir noch die Wärme spürten, die uns heute verloren scheint. Lalala. Nie, nie zuvor …« Ohne sich zu bewegen, hören alle unter dem Neonlicht das Lied von Electra. Mir kommt das sehr schön vor. Meine Mutter nimmt während des Songs eine große Packung eingefrorener junger Erbsen aus der Gefriertruhe, als ihr die Tränen kommen.

Silvio kommt mit weißem Kittel auf meine Mutter zugelaufen und sagt: »Tschuldigung, mal Tasche auf, bitte.« Silvio. Silvio! Silvio war ein Angestellter meiner Mutter am Institut für Pflanzenforschung. Seine Aufgabe: Zahlen aufschreiben, Tabellen mit Stift und Lineal ziehen. Silvio hat Pickel, und Silvio rasiert sich seit einigen Monaten den Kopf. »Zum Dienst gemeldet für Deutschland, einig Vaterland«, so grüßt Silvio an der Bushaltestelle, wenn kein Erwachsener in der Nähe ist. Silvio mit den Schnürsenkeln. Weiß und rot. Silvio legt sehr viel Wert darauf, dass jeder die Botschaft seiner Schnürsenkel versteht. Es würde ja das beste Symbol keinen Sinn machen, wenn es niemand entschlüsselte, und deshalb hält er von Zeit zu Zeit Vorträge an der Bushaltestelle, was rote und weiße Schnürsenkel bedeuten, die Zahlen 88 und 18, diese und jene Flagge, warum es Leute wie mich und meine Schwester früher nicht gegeben hätte und dass die Erfindung der Autobahn eine große Leistung sei. »Und warum ist das jetzt eine große Leistung, ich mein, auf die Idee hätt ich auch kommen können«, sagte mal meine Schwester zu Silvio und der sagte: »Willste eine auf's Maul?«

Und mehr wusste Silvio darüber eben auch nicht. Autobahn. Mehr fiel ihm und seinen Freunden dazu nicht ein. Silvio jedenfalls steht jetzt da, neben ihm ein älterer Mann mit Schnauzbart, der so aussieht wie ein richtiger Chef, der gar nichts sagen muss, der einfach streng guckt, mit grauen, sauber zurückgelegten Haaren, mit prüfenden Blicken auf Silvio, auf meine Mutter, auf mich. Als wäre das jetzt eine Vorführung und der Mann guckt, ob alle ihren Text können. »Silvio«, sagt meine Mutter. »Herr Brunner, ich bin jetzt hier Filialleiter.« In der Tasche ist natürlich nur die zerknüllte alte Pelikan-Pappe und ein Knopf und ein Schlüssel. »Na dann. Glück gehabt.«

Am Morgen laufe ich schon in einem Indianerkostüm in die Schule, es ist das letzte Jahr in der Grundschule. Das Gymnasium ist auf der anderen Seite der Erdkugel, also irgendwo am anderen Ende der Stadt. Also das letzte Jahr in einer Schule, in die alle Kinder aus dem Plattenbauviertel gehen. Wo man im Februar Fasching feiert. Wo Hunderte Pfannkuchen verteilt werden. Wo ein Pfannkuchen mit Senf gefüllt wird. Etwa drei Viertel der Klasse im Indianer- oder Cowboykostüm kommen. Wir aus dem Viertel sind immer Indianer. Tagelang spult meine Mutter Winnetoufilme durch, drückt auf »Pause«, wenn Winnetou in der Nahaufnahme zu sehen ist. Wir zeichnen und schneidern nach. Das Kostüm sieht aus wie das Original.

Mir fiel auf, wie hässlich es hier war. Wo immer man hinsah, schauten die immer gleichen grauen Wände mit ihren rauen, unfreundlichen Fassaden zurück. Über mir ein großes Fenster mit aschgrauem Himmel. Die großen Risse in den Platten auf dem Gehweg versuchte ich zu umgehen, ging den einzig möglichen Weg, der aus der Siedlung hinausführt, einen schmalen Gang zwischen zwei Zäunen. Rechts die Klärgrube. Man gewöhnte sich mit den Jahren an den Geruch.

Auf der einen Seite harkte ab und zu ein alter Mann, der nach einem Bahnhofswart aussah, mit flachem grauem Hut und grauem Mantel. Seine Harke, stellte ich mir vor, hätte auch eine Schranke sein können, die nur er, aus einem kleinen Grenzhäuschen heraus, heben und senken konnte.

Etwa 7000 Menschen leben hier. Mindestens 15 Blöcke reihen sich aneinander. Der größte misst 50 Meter in der Länge, hat zwölf Etagen und wurde sofort nach 1989 hellblau angemalt. An den Ecken verschwimmt er an guten Tagen mit dem Himmel. An schlechten Tagen sieht das Haus wie eine Pappkulisse aus. Ich wohne in der Prager Straße Nummer 14, einem halbrunden Bau. Eingeweiht 1981. Die Leute rissen sich um eine Wohnung im Neubau. Neubau – das war nur ein anderes Wort für Freiheit, Unabhängigkeit und dichte Fenster. Ein Traum von Luxus und Moderne. Über 1,5 Millionen Träume von Luxus und Moderne hat man bauen lassen. Es heißt, hier habe die DDR ihr sozialistisches Großprojekt umgesetzt. Unsere Nachbarin sagte: »Eine dumme Idee in dummem Beton.« Mein Vater sagte: »Nach wie vor schimmelfrei.« Für mich sind diese Bauten der Beweis, dass es das Land wirklich gegeben hat. Ein Beweis, den man nicht so einfach in den Müll werfen kann wie Schränke, Lampen, Fernseher, Blumentöpfe, Kaffeekannen, Trabis, Pullover, Matratzen, Gläser oder Kanarienvögel.

Die Mülldeponie ist nicht weit von unserem Viertel entfernt, sie wuchs in den letzten Jahren zu einem großen Antiquitätenhaufen an. Der Regen spülte mit der Zeit die Lacke und Farben aus den Dingen, der große Haufen wurde grau, und die Farben und Lacke sickerten als giftiger Schleim langsam in die Erde, in unser Grundwasser. Also musste der ganze Müll umgeschichtet werden, es war ein monumentaler Anblick: Riesige Maschinen, die einen Haufen toter Wohnzimmer umschichteten. In diesem Moment habe ich die DDR begriffen, eigentlich das ganze Universum. Vergänglichkeit, Sterblichkeit. DDR ist so etwas schön Morbides. Das war letzten Sommer. Nur eines wunderte mich. Nämlich die Geschwindigkeit, mit der hier Gegenstände weggeschmissen wurden. Wenn Geschichte erst in den Dingen verständlich wird, dachte ich, dann kann man hier nichts mehr verstehen, weil es nichts gibt, womit man sich erinnern kann. Die Ostdeutschen, die ich kenne jedenfalls, sind keine Bewahrer, heben nichts auf, lassen nichts liegen, nicht für später, nicht für irgendwann, im Keller nur Kohlen, auf dem Dachboden nur Bretter oder kein Dachboden. Man muss sich, dachte ich etwas verwirrt, schon selbst zuerst zerlegen, bevor man von anderen erobert werden kann. Und das machen Ostdeutsche mit Freude. Und vielleicht habe ich deshalb einen Tick entwickelt, habe deshalb begonnen, alles Mögliche zu sammeln, zu archivieren und für alle Zeit aufzuheben. Im Herbst Blätter vom Ahornbaum, Kastanien, alte Schrauben, Zigarettenstummel, Bilder aus Zeitungen. Ich begann, Tagebuch zu schreiben. Erster Eintrag 13. Oktober 1994: »Ich habe Geburtstag und einen Gameboy bekommen. Träume in der Nacht von Tetris.«

Als das Problem mit dem Müll gelöst war und keine Giftgase mehr in das Viertel hineinwehten, wurden die Fassaden mit Baugerüst und Planen verhüllt, wochenlang hingen Arbeiter an den Wänden, und als die Planen wieder abgenommen wurden, strahlte das frisch angestrichene Blau dieses Blocks so hell, als hätte jemand das Licht angemacht.

Hitler wollte da, wo jetzt das Viertel stand, einen riesigen Flughafen bauen. Das erzählte unsere Nachbarin gern. In Weimar begegnete man, wo immer man hinging, Hitler oder Goethe. In unserem Viertel begegneten wir täglich Margot Honecker. Als die Grundschule eingeweiht werden sollte – das war vor meiner Geburt, im Jahr 1981 –, kündigte sie sich als Festrednerin an. Und plötzlich wurden eilig Fußwege betoniert und Bordsteine gelegt, und auf die, sagte unsere alte Nachbarin immer, hätte man normalerweise zehn Jahre warten müssen, wäre eben nicht Margot Honecker gekommen, und nun müsse man diesem Drachen auch noch fast dankbar sein. Bei ihr, also bei unserer Nachbarin – sie wohnte direkt gegenüber unserer Wohnung –, bekamen wir warme Milch und weiche Kekse, wenn wir wieder den Schlüssel vergessen hatten. Sie hatte richtig lange Haare, was ziemlich besonders war. Grau-schwarz, in einem Haarnetz zusammengebunden, und wenn die Sonne drauf fiel, schimmerten sie wie Silber. Klein und zart war sie, ihre Knochen knackten, sie stöhnte oft, wirkte sonst aber munter. Ihre Worte hatten immer einen metallenen Klang. Sie sprach dialektfrei und streng in einem sehr deutlichen Deutsch. Angeblich war sie einmal

Sängerin gewesen. Die schweren, dunklen Gardinen und der dicke Perserteppich machten aus ihrem Wohnzimmer eine Art schalldichter Plüschpuppenstube. Darin trank sie ihren Tee so, als habe jemand es ihr befohlen. Sie: »Ihr Süßen, ich bin 86 Jahre alt und höre schlecht, bitte schreit nicht so rum, sonst werde ich wirklich noch taub.« Meine Schwester: »Sie sind 86 Jahre alt? Echt? Sie sehen gar nicht so aus. Höchstens wie 83.« Sie schlurfte ans Fenster und zog ein braunes, blumiges Tuch von einem nach oben spitz zulaufenden, goldenen Käfig, öffnete das Türchen, worauf der gelbe Kanarienvogel sogleich in Panik geriet und wild im Käfig herumflatterte. »Dann warst du ja auch im Krieg? Oder?« Sie nahm ein Döschen aus dem Käfig und füllte Körner hinein. Ihre spitze Nase zuckte. »Ach was. Krieg, ihr wisst doch gar nicht, was das ist.« – »Doch«, sagten wir beide gleichzeitig, »Krieg ist nicht gut.« Sie sagte nichts mehr, nur der Kanarienvogel begann mit seinem Gezwitscher. Als sie starb, landete auch der Käfig im Müll.

Wenn ich jetzt so darüber nachdenke, fällt mir ein, dass sie eine von ganz wenigen alten Leuten war. Eigentlich gab es hier keine alten Leute, außer einem Mann im Rollstuhl, und der war gar nicht alt, der sah nur alt aus, weil er im Rollstuhl saß, glaube ich. Aber man zog ja in unser Viertel, um modern zu sein, und wenn man mich fragt: Alte Leute sind selten modern. Das wäre ja auch unheimlich, wenn sie modern wären, dann gäbe es dort keine Kekse und keine Geschichten. Unsere Nachbarin erzählte zum Beispiel, und das ist schon eine echt gute Geschichte, dass unser Block von russischen Panzern gebaut worden ist, in denen russische Soldaten saßen, die dafür, dass sie mit den Panzern Häuser bauten, zwei Flaschen Schnaps bekamen. Und wer kann von seinem Haus schon behaupten, es sei von russischen Panzern gebaut wurden. Direkt neben unserem halbrunden Block führte ein schmaler Weg durch Gestrüpp in eine Kleingartensiedlung, die jeder nur »Das Paradies« nannte. Im Paradies rauchten wir unsere ersten Zigaretten und Joints, nahmen die ersten psychedelischen Pilze, wurden verprügelt und gejagt, die meiste Zeit haben wir uns dort versteckt. Im Paradies haben wir gegrillt. Im Paradies brannten später alte Trabanten aus. Im Paradies hat man die Platten nur vage durch die Baumwipfel gesehen. Im Paradies wurden Anfang der Neunzigerjahre stillgelegte Bahngleise für den ICE München–Berlin wieder in Betrieb genommen. Es war der goldene Zug Richtung Westen. Wir bewunderten die glatten, rot-weißen neuen Züge. Sie waren mit Sicherheit schneller als die Traktoren, die meine Mutter übers Feld gejagt hatte und über die sie nicht müde wurde zu erzählen. Sie erzählte, wie schnell und sauber und besonders modern die Technik der DDR gewesen sei. Doch das war etwas anderes. Hier rauschten Weltraumkörper auf einer kleinen Anhöhe, gesäumt von ein paar Wacholderbüschen gegen den Lärm, an unserem Viertel vorbei. Wir wären gern mitgefahren.

Bevor man zum Ausgang der Siedlung kam, wo der Schaffner seine Harke hob, musste man quer durch die ganze Siedlung, vorbei an vier großen Plattenbaureihen laufen, die so dicht beieinander standen, als frören sie. Zwei kurze Reihen standen quer, zwei längere mit zwölf Eingängen und drei Etagen schlossen die kleine Siedlung wie riesige Mauern ab, jede Wohnung mit einem Balkon, einige mit Blumentöpfen, alle mit den gleichen Blumentöpfen, in denen im Sommer überall die gleichen Blumen blühten. Klein und gedrungen wackelten sie im Wind. Ich erinnere mich, wie einige Jahre zuvor an einem bestimmten Tag sehr viele Fahnen vor die Fenster gehängt wurden. Tag der Gründung der DDR vermutlich. In diesen Tagen, im Februar, verhedderte sich nur noch eine Fahne des untergegangenen Staates vor dem Fenster unserer Nachbarin, die gerade gestorben war, was wir allerdings erst einige Tage später merkten. Als wir es merken, müssen meine Schwester und ich hinter verschlossener Wohnungstür ausharren, bis der Krankenwagen die Leiche weggefahren hat, und ich frage meine Mutter, wohin unsere Nachbarin jetzt kommt. »Sie kommt ins Grab, sie ist tot.«

»Wie ist es, wenn man tot ist?«

»Dann ist man ganz einfach nicht mehr da.«

»Kommt man in eine andere Welt?«

»Nein, da kommt man nirgendwohin.«

»Ist es so, als würde man träumen?«

»Es ist nichts.«

»Schwarz?«

»Ja, schwarz.«

Statt der DDR-Fahnen jedenfalls hingen jetzt lustige kleine Blumentöpfe an den Balkonen, und die Gardinen hinter den Fenstern wurden immer bunter. Keine lauten Gelage an den Kellertreppen hinter dem Haus, keine Rufe, kein Lachen und kein unendlich lange anhaltendes Geraune in der Nacht, was so nervte und so schön war. Es zogen, wenn es Sommer wurde, am Abend von den Balkonen nur Grillgeruch und leise Schluckgeräusche durch die Luft.

Ich war spät dran auf dem Weg zur Schule, blieb trotzdem beim Bahnhofswärter für einen Moment stehen und sah zu, wie er grimmig die Harke hob, während ich mir wünschte, dass die Schule einfach verschwinden würde oder abbrennen oder unwiederbringlich zerstört worden sei durch ein Erdbeben. Was für eine Befreiung das wäre! Aber das würde niemals geschehen. Die Schule wird leider niemals abbrennen, es wird sie ewig geben und Lehrer auch und die sind immer alt und sterben trotzdem niemals. Ich schlurfte weiter.

Mittlerweile war ein Haufen Zäune um alles Mögliche gezogen worden. Besitz wurde mit Maschendraht angezeigt. An einer Stelle wurden drei Nadelbäume eingezäunt. »Zum Schutz«, sagte der Mann in der ABM, »damit du da nicht reinlatschst, Kind«, sagte der Bahnhofswärter, die Harke schwingend. Außer den Kindergärtnerinnen, waren viele ihren Job los und standen auf der Straße herum. Wer als ABM-ler arbeitete, pflegte fortan die Blumenbeete. Es waren so viele ABM-Leute unterwegs, dass schon bald unser Viertel von Stiefmütterchen überwuchert war. Neben jedem Bordstein ein Blumenbeet, extrem gut gepflegt. Andere begannen zu saufen. Ich erinnere mich an Stefan Meyer, einen fetten Bauarbeiter, der mit drei Kindern – das vierte war noch nicht geboren – zwei Hauseingänge weiter wohnte, aber der wohnte da eigentlich kaum, sondern soff im Getränkemarkt und lag dann nachts vor unserer Tür, weil er glaubte, hier zu wohnen, was aber nicht der Fall war. Mein Vater half ihm die ersten Male nach Hause, er stützte ihn und schob und verschwand dabei beinahe in dem Fett des Mannes. Später öffnete er die Tür nicht mehr, sondern wartete, bis Stefan Meyer, der gerade unseren Absatz vollgekotzt hatte, die drei Etagen allein wieder nach unten und auf die Straße gekrochen war. Er vergaß nie, einmal noch ins Treppenhaus zu kotzen. Jemand hatte es am Morgen meist etwas lieblos aufgewischt. Und es roch dann nach einer Mischung aus Spülmittel und Kotze. Und manchmal lag Stefan Meyer noch am Morgen da, neben unseren kleinen Schuhen mit den praktischen Klettverschlüssen, weil mit drei Kindern alles schnell gehen musste. Während wir uns dann leise die Schuhe anzogen, hob und senkte sich sein gewaltiger Bauch. Er sah sehr schlecht aus. In seiner Latzhose lag er da, im Gesicht so blass, mit verdrehtem, eingeknicktem Hals quer auf den kalten Stufen, die aussahen, als wollte jemand Dreck imitieren, aber unsere Nachbarin behauptete, man habe hier auf amüsante Weise Marmor imitieren wollen.

Wir wohnten im längsten Block, der das Viertel vom Feld trennte. Aus unserem Kinderzimmer konnten wir weit über diese Felder schauen und am Abend die Sonne hinter geduckten Hügeln untergehen sehen. Wir sahen, wie sich die Landstraße über die Erde legte, wie sie sich schlängelte, als habe sie es besonders eilig, davonzukommen. Wir dachten, wir könnten die Erdkrümmung erkennen. Stundenlang saßen meine Schwester und ich am Fenster, an unseren Kirschfurnierschreibtischen, und überlegten, an welchem Punkt es nach unten ging, wo die Welt wohl abknickte. Vom Küchenfenster aus, auf der anderen Seite der Wohnung, schauten wir auf den nächsten Block, ein Ausblick wie auf einen Adventskalender, nur für das ganze Jahr, und auf die Klärgrube. Daneben befanden sich eine schaukellose Schaukel und ein Sandkasten in L-Form. Er war ganz neu. Neues Land, neuer Sandkasten. Leider fehlte noch der Sand, und so gruben wir in schleimigem Torf herum. Besser als nichts. Vorher hatte an dieser Stelle nur ein alter Traktorreifen gelegen, in dessen Gummirundungen die Spinnen und Mäuse im Kreis rannten.

Die Leute im Viertel sind Klempner, Elektriker, Heizungswärter, Verkäufer, Kindergärtner und ein paar windige Typen, von denen niemand weiß, was sie tun. Eine Revolution gab es hier nicht. Gründe gab es weder dafür noch dagegen. Man war hier tendenziell eher gegen alles. Einige behaupten, »die Schnauze voll« zu haben oder »nicht mehr durchzublicken«. Es war, als vibriere ein ständiges Murren durch die Wände.

Das habe ich auch nicht verstanden. Es war doch ganz einfach. Ich bekam doch ein neues Mountainbike und plötzlich die Aussicht, nach Disneyland zu kommen. Was war daran schlecht? Mauerfall war etwas Wunderbares, und ich war mir sicher, dass wunderbare Dinge geschehen würden. Es hatte gut begonnen, damit, dass unsere ziemlich reiche Tante Sibylle mir ein schönes rotes Mountainbike schenkte, mit dem ich tagelang durch das Viertel fuhr: zum Schaffner und durch die Kleingartensiedlung, an den riesigen Plattenhäusern entlang, vorbei an den Eingängen, die alle gleich aussahen, so dass ich manchmal im Fahren den Eindruck hatte, ich würde kein Stück vorwärtskommen, weil da schon wieder die gleiche Treppe, das gleiche Geländer, der gleiche Busch war. Dann fuhr ich mit dem Mountainbike aus dem Viertel heraus, man musste gut aufpassen, weil um uns herum alle Straßen aufgerissen wurden, die sich nun wie tiefe, sehr tiefe, ausgetrocknete Flussbetten durch die Landschaft fraßen. Mich hat das immer an Festungsgräben erinnert, und das fand ich toll, weil wir folglich sicher waren und beispielsweise keine Panzer oder so was angreifen konnten. Ich schlängelte mich auf einem schmalen Gehweg ganz nah an der Bauschlucht vorbei. Ich sah drei Arbeiter, die unten irgendwas mit Schaufeln machten, fragte mich, ob sie die Schlucht selbst gegraben hatten, konnte nicht glauben, dass sie diese sicher ein Meter tiefe Schlucht mit ihren Schaufeln gebuddelt hatten. »Wie unmöglich«, dachte ich und war ganz auf diesen Gedanken konzentriert, da rutschte ich mit dem Vorderrad wie eine Klippe hinunter und stürzte mit dem Mountainbike einen Meter tief in die Schlucht. Ich war tot. Dachte ich. Tot mit einem roten Mountainbike – es war der schönste Tod meines Lebens. Als mich die drei Arbeiter aufhoben und ich die Augen öffnete, schaute ich in total entsetzte und besorgte Gesichter. »Sollen wir einen Arzt rufen?« – »Nein, nein, geht schon«, sagte ich und nahm mir vor, jeden Schmerzensschrei zu unterdrücken und jetzt wirklich sehr stark zu sein und bestimmt nicht zu weinen. Denn es war schon doof genug, mit einem Mountainbike hier reinzufallen, und das hatte wahrscheinlich ziemlich bescheuert ausgesehen. Und die dachten bestimmt: Typisch Mädchen, die flennt sicher gleich. Ich hatte wahnsinnige Kopfschmerzen und schob das Mountainbike hinter die nächste Kurve, wo ich unbedingt weinen musste, sonst wäre ich geplatzt.

Zu Hause war mein Vater schon lange krank. Erst bekam er Mumps, dann eine Lungenentzündung, dann eine Hirnhautentzündung, ein Nierenleiden und dann Depressionen. Er ließ sich von einer Rotlichtlampe bescheinen, während er mit dem neuen Videorekorder alle möglichen Filme aufnahm. Das Haus verließ er nicht mehr, las keine Zeitungen, schaute sich nur noch im Fernsehen Western an. Nachbarn, Lehrer oder Freunde wunderten sich später immer wieder, wenn ein Hinweis auf einen Vater auftauchte. Eine Lehrerin rief sogar bei uns an, um herauszufinden, ob die seltsam unleserliche Unterschrift unter der Vier in einem Deutschaufsatz nicht vielleicht doch von mir käme. Wenn das Telefon klingelte, erschraken alle und niemand ging ran, es sei denn, mein Vater erlaubte es. Das Telefon hatten wir vor ein paar Jahren bekommen. Nagelneu stand es da, mit einer tollen Nummer, die wir aber unter Androhung der für ein Kind schlimmsten vorstellbaren Strafe nicht herausgeben durften, nämlich der, niemals nach Disneyland Paris fahren zu dürfen. Das Verbot hatte ich nach zwei Tagen vergessen und schrieb in der Grundschule die Nummer auf ein paar Zettel. Am gleichen Tag, nachmittags, klingelte das Telefon. Alle erschraken. Es klingelte zum zweiten Mal. Dann nahm mein Vater vorsichtig den Hörer vom Telefon.

»Ja, bitte? ... Wer ist denn da? Wer? Nein, wir wollen an keinem Gewinnspiel teilnehmen. Um welches Gewinnspiel geht es denn? ... Ein Auto und fünf weitere Hauptgewinne? Ein Auto haben wir schon. Woher haben Sie diese Nummer? ... Eine computergenerierte Zufallsnummer? Wie soll das denn gehen? Mit einem Computer? Das haben Sie schon gesagt. Ach, das wissen Sie nicht? Und wo steht der Computer, der Zufallsnummern generiert? Das wissen Sie auch nicht. Löschen Sie die Zufallsnummern auch wieder? Von welcher Firma? Wie bitte?«

Am anderen Ende hatte man aufgelegt. Mein Vater schwitzte und zog das Telefonkabel aus der Wand. Weshalb der Anschluss für ein paar Wochen tot war. Später wählten meine Schwester und ich, wenn sonst niemand zu Hause war, Zufallsnummern und warteten, ob jemand abnehmen würde. Wir wählten Auslandszufallsnummern, hörten manchmal tatsächlich eine fremde Sprache und legten sofort wieder auf. Rückblickend sicher Unsinn, aber wie alle unsinnigen Ideen machte es Spaß. Wir bestellten später über dieses Telefon 50 Pizzas für die Nachbarn und warteten am Fenster, ob unsere Bestellung wirklich geliefert werden würde. Auch Taxis bestellten wir gern und häufig für Leute, die wir nicht mochten, was dazu führte, dass die Taxizentrale kein Auto mehr schicken wollte. Wobei natürlich hier niemand ernsthaft auf die Idee gekommen wäre, ein Taxi zu bestellen, das war so abwegig wie Kaviar oder Cocktails oder echtes Leder.

Draußen roch es nach Weichspüler. Eine Frau aus unserem Block hängte Wäsche auf und redete mit einer anderen Frau, die weiße Unterhemden an die grünen Leinen klemmte. Sie lachten. »Na, wenigstens keine so harten Handtücher mehr wie früher, die musste man mit einer Säge von der Leine schneiden.« Es stank jetzt auch noch im Herbst nach Bergfrühling.

Ich habe das nie verstanden, wie man so naiv sein kann zu glauben, dass man glücklicher werden würde, nur weil es Weichspüler für alle gibt. Aber unser Bürgermeister wollte unserem Plattenbauviertel bald neuen Glanz verleihen. Das Viertel war ihm peinlich, schon zeichne sich hier ein Problembezirk ab, das sei nicht gut, denn man brauche Touristen. Über viele Jahre hatten sich einige Schlaglöcher in die Wege gebohrt, wie kleine Bombenkrater sprenkelten sie die großen, dicken Betonplatten der schmalen Straßen. Um 1995 herum kam also die erste große Veränderung, die uns glücklich machen sollte. Die Schlaglöcher wurden ausgebessert. An diesem Morgen, als ich den Bahnhofswärter schon von einiger Entfernung den Garten mit der Harke durchkämmen sah, in Gedanken versunken, trat ich in die erste, noch schlickhafte Masse weißen Betons. Wie in Treibsand sickerten meine Füße hinein. Was Beton war, wusste ich nicht. In meinen Comics gab es Moore und Treibsand, und ich hielt diese Masse wohl für Treibsand, weshalb ich die Füße einen nach dem anderen aus der glucksenden, zähen Masse herauszog, indem ich mich sofort auf den Boden legte, und sie dann nicht besonders gründlich am Bordstein ab-

strich. In der Schule begrüßten mich schon andere mit ebenfalls betonverklebten Schuhen. Ein zartes, kleines Mädchen
hatte sogar bis zu den Waden im Beton gesteckt. Ich fragte
mich, wo sich wohl das so tiefe Loch befand.

Wir lachten uns gegenseitig aus, lachten darüber, wie bescheuert der andere war, verglichen, wer mehr Beton an den
Waden hatte, wer ihn schon ins Gesicht und in die Haare
geschmiert hatte, überlegten, ob man deshalb jetzt Ärger bekommen würde, und diskutierten lange über das beste Ret-
tungsprogramm, wenn man im Treibsand steckt, bis nach
und nach der Schlamm an den Füßen hart und schwer wurde. Jeder Kieselstein, auf den wir traten, jede Art von Dreck
drückte sich in unsere Klumpfüße hinein und blieb stecken.
Das Gehen fiel allen bald sehr schwer.

Die Fortschritte der Bauarbeiten konnten wir immer an
uns selbst ablesen. Wurde eine Straße aufgerissen, um neue
Rohre zu verlegen, fielen mindestens zwei Kinder in die Stra-
ßengräben. Zuletzt kam schwarzer Teer auf die Straßen. Riesige Walzmaschinen rollten über die dampfenden Straßen.
Für diesen Teer, der lange heiß und ätzend in der Luft hing
und sich oft auch auf unsere Haut legte, hatte sich immerhin
eine Art Hausrezept finden lassen. Wir wurden von oben
bis unten mit Butter eingerieben. Manche als Präventivmaß-
nahme, schon bevor sie mit Teer überhaupt in Berührung
kamen. Die Fußabdrücke im Beton sind nicht ausgebessert
worden. Man sieht sie vor dem Supermarkt, auf Gehwegen
und Parkplätzen, versteinert wie Spuren von Dinosauriern.

Vor dem Eingang des Supermarktes blinzelt meine Mutter
in die Februarsonne, kalte Schlagermusik kommt aus Boxen,
Luftballons mit dem Supermarktnamen darauf. Sie wirkt et-

was verloren. Dabei ist unser Einkauf doch so toll gelaufen, wir haben so viel gekauft, dass wir noch eine Plastikkiste kaufen mussten, um alles nach Hause schleppen zu können. Und ich denke immer noch an das Süßigkeitenregal, als ich Lucian sehe.

Lucian steht mit seiner Mutter vor einer Würstchenbude. Sie hat einen Plastikbecher in der Hand und müde, glasige Augen. Sie lacht und drückt mich fest. Sie riecht, wie Stefan Meyer nachts riecht. Auch Lucian steckt im Indianerkostüm. Ich beneide ihn sofort um seine roten und gelben Federn und ärgere mich, dass mir niemand so was kauft. Er erzählt, dass letzte Nacht ein großer LKW aus einer Kurve geflogen und mitten in das Bordell im Nachbardorf hineingefahren ist. Wir lachen. Das ganze Haus ist eingestürzt? Nein, nur die Hälfte. Wir lachen. Ich stelle mir vor, wie es aussieht, wenn ein LKW die Hälfte eines Hauses über den Haufen fährt und man nun in die stehengebliebene Hälfte des Hauses hineinschauen kann wie in ein Puppenhaus, stelle mir vor, dass jemand im Nachthemd aus dem Bett steigt, geweckt vom Lärm, weil das Haus einstürzt. Das Dorf heißt Dasdorf und ich will ihn noch fragen, was im Bordell so eigentlich passiert, und erinnere mich, dass wir da nebenan in der Scheune die Bananen am Hintereingang abgeholt haben, und frage mich, ob das die gleichen Leute betreiben, und denke, dass die Hauptstraße doch viel zu klein ist für einen LKW. Es dämmert, als ein Junge mit schmutziger Nase, der Sohn von Stefan Meyer, der, seit er fünf Jahre alt ist, nicht mehr wächst, aus irgendwelchen Büschen herausgelaufen kommt und sagt, dass ein Zermatschter auf den Gleisen liegt. Polizei. Krankenwagen. Alle da. Stefan Meyer steht da und guckt, als hätte sein Sohn eine Bank überfallen, und schnauzt ihn vor versammelter Mannschaft an, was das denn für eine beschissene Nachricht ist. Der Junge sagt, dass das wohl der Florian sei, weil der ja immer den Häuptling macht und die bunte Kopfbedeckung da oben liegt. Wir dürfen nicht hochlaufen. Wir dürfen nichts. Höchstens uns fragen, ob das wahr ist. Wir treffen uns im Indianerkostüm an der Bushaltestelle. Wir überlegen, ob das alles möglich ist. Ich informiere die anderen darüber, dass Florian womöglich in einem schwarzen Land ist. Wir diskutieren die Geschichte, als wäre sie verhandelbar.

Das war Freitag. Und am Freitag hat sich Florian, schon 14 Jahre alt, mit einem Kissen auf die Gleise gelegt, damit sein Kopf nicht so hart liegt, und hat dann seinen Arm festgebunden. Und als der ICE Richtung München drüberfuhr, zerplatzte das Kissen und die Federn flogen in das Paradies herein.

2. Mütter

Das Arbeitsamt ist unordentlich. Und voll. In dem langen, grauen Gang gibt es drei Stühle, auf denen drei alte Damen sitzen. Der Rest lümmelt auf dem Boden, dicht beieinander, links und rechts an die Wand gelehnt. Wenn eine Mitarbeiterin mit einem großen Aktenstapel aus einer der Türen kommt, an ihnen vorbeiläuft, ziehen sie die Beine ein, ab und an rutscht sich einer in eine gerade Position. Meine Mutter stöhnt. Sie nimmt die schmale Schneise zwischen den Wartenden, die fremden Beine ziehen sich mit jedem Schritt meiner Mutter ein. Ich schaue nicht zur Seite. Höchstens ein bisschen. »Hallo«, sagt meine Mutter zu einer dicken Frau, »hallo«, sagt sie, »na, na.«

Die Frau hat einen Stapel T-Shirts unter dem Arm. Auf dem obersten prangt Micky Maus. »Da hatte ich es endlich geschafft, an die Bügelmotive zu kommen, habe 150 T-Shirts mit Goofy und Micky Maus bebügelt und drei Wochen später kommt die Wende. Und jetzt kann jeder solche T-Shirts in der Kaufhalle kaufen. Nicht nur das. Jetzt heißt es, es sei illegal, Kopien zu machen.« Die Frau schüttelt den Kopf, meine Mutter klopft ihr auf die Schulter und dann an die Tür.

»Herein.«

Wüstes Büro.

»So, Frau Hünniger, Sie kommen ja pünktlich. Akte ist auch schon da. So, dann woll'n wir mal sehen.« Genaues Blättern. »Oho, eine Frau Doktor sogar, na, das tragen wir gleich mal in der Qualifikation nach. So.« Sie kritzelt. Im Regal dudelt ein Radio. »Lambada« läuft. Die Frau summt ein bisschen mit.

»Was haben Sie gerade im Angebot?«, fragt meine Mutter.

»Was haben wir im Angebot. Nun, als Erstes könnten Sie eine Umschulung machen. Das wäre dann sogar hier in Weimar. Da müssen Sie der Kinder wegen nicht weg. Gibt ja jetzt überall neue Institute, wo man was lernen kann. Kostet natürlich teilweise was extra. Wir hätten hier einen neuen Bildungsträger in der Agraringenieurschule, die wird ja jetzt abgewickelt, da wird man jetzt umgeschult. Umgang mit Standardsoftware und Tabellen, was für Leitungspersonal aus der Landwirtschaft, steht hier.«

»Ja, hört sich gut an.«

»Danach können Sie eine ABM-Stelle haben, in der Stadtverwaltung. Da müsste das Volkseigentum zurückgeführt werden in die Gemeinde oder an die ehemaligen Eigentümer. Dazu gehört Recherche, und Sie müssen den Angestellten den Umgang mit der Software beibringen, also was Sie in der Umschulung gelernt haben.«

»Ja, hört sich gut an.«

»Sie können aber auch hier im Arbeitsamt anfangen. Wir sind vollkommen überlastet.«

»Nein, danke, das hört sich nicht gut an.«

»Na dann, schade, auf Wiedersehen.«

Und zu mir: »Pass schön auf deine Mutter auf.«

Draußen ist die Schlange an der Wand noch länger geworden. Sieht aus wie ein Tausendfüßler. Ich habe das Gefühl, mich bei meiner Mutter für etwas entschuldigen zu müssen. Und das Gefühl bin ich lange nicht mehr losgeworden. Mir tat irgendwas leid. Was war hier eigentlich los? Die Routine, mit der wir seit einer Weile verschiedene Ämter besuchten, war wie der Rest einer geordneten, heilen Welt.

Wie viel Lebenszeit wir in Arbeitsämtern, Autohäusern, Möbelmärkten, in Umschulungsräumen und im Wartebereich der Bank verbracht haben, weiß ich nicht, aber sie bilden die deutlichsten Erinnerungen.

Die Frau mit den T-Shirts schenkt mir im Vorbeigehen eins mit Micky Maus. »Sei froh, dass du noch ein Kind bist«, sagt sie. Und das klingt, als gäbe es etwas, das man besser nicht wissen sollte. Als solle man froh sein, von nichts eine Ahnung zu haben oder nicht Auto fahren zu können. Und da will man sich auch gleich entschuldigen für etwas, von dem man noch nichts weiß. Es gibt unzählige Dinge, die man nicht weiß, zum Beispiel ob ein Regenwurm weiterlebt, wenn man ihn in zwei Teile schneidet, wie eine Katze den Sprung von einer Mauer unbeschadet überleben kann oder wie Eiscreme hergestellt wird. Man weiß, dass man es nicht weiß, das ist nicht schlimm. Man kann ja jemanden fragen, wie das geht. Schwieriger ist es, wenn man nicht weiß, was man nicht weiß.

Apropos Auto. Auf dem Heimweg stehen wir plötzlich im Stau, eingezwängt zwischen etwas schrottig aussehenden Autos, die weder Trabi noch Wartburg sind, aber dafür bunt und ein bisschen rostig. Sie haben ein rotes Nummernschild und so weit ich das überblicken kann, ist die Straße bis hinten zur Tankstelle auf beiden Fahrspuren wie von einer Blechlawine verschüttet. Neben der Tankstelle hat jemand ein paar Fähnchen aufgehängt und die heranfahrenden Autos parken dort und bekommen ein Preisschild. Meine Mutter liebt Autos. Sie weiß über einen Sechszylindermotor mehr als die meisten, die einen haben. Wir schauen uns also gleich ein paar der Autos an.

Zu Hause macht sich meine Mutter einen Wermut mit Eis. Eis ist etwas sehr Wichtiges geworden. Und die Eiswürfelproduktion wird in der neuen Gefriertruhe ungeheuer liebevoll vorangetrieben. Wenn es an etwas nicht mangelt, dann sind es Eiswürfel. Eiswürfel im Wermut, in der Limonade, im Wein. Es ist herrlich. Es ist wie in amerikanischen Serien und Western, in denen die reichen, so gepflegt aussehenden Leute immer Eis in ihre Drinks fallen lassen. Obwohl wir das eigentlich gar nicht wollen, benehmen wir uns in dieser Hinsicht wie richtige Amerikaner. Oder so, wie ich mir einen Amerikaner vorstelle: einer, der immer Eiswürfel hat, einen Hut, ein Lasso und Kaugummis.

Es ist Wochen her, dass mein Vater zuletzt mit mir gesprochen hat. Er ist schon lange so etwas wie ein Weiser, der Dinge murmelt, kaum in ganze Sätze verpackt, die man nicht versteht, die klingen wie Wahrheiten. So etwas wie: »Wirst schon sehen!« oder »Die Vögel fliegen tief«, und das heißt dann etwas. So wie ein Horoskop.

Jetzt sitzt er auf dem Sofa, verlässt das Sofa nie, sitzt tagsüber auf dem Sofa, isst auf dem Sofa, schläft manchmal auf dem Sofa, während der Fernseher bis spät in die Nacht läuft. Das Licht einer Rotlichtlampe scheint auf sein rechtes Ohr, er hat eine Hirnhautentzündung oder noch Mumps, ich weiß nicht mehr genau. Während er seine Tage auf dem Sofa verbringt, schwimmen hinter ihm kleine Fischchen in einem kleinen Aquarium, und wenn ich die Fische füttere, rieselt das Futter langsam, wie Staub, auf den Kopf meines Vaters.

Das geht schon lange so, Wochen, Monate, ich habe nicht mitgezählt, das geht so, seit ich mit meiner Mutter und meinem Bruder vor dem Fernseher saß und zugeguckt habe, wie dort im Fernsehen Menschen in Trabis und wirren Frisuren über die Grenze gefahren sind. Meine Mutter war die ganze Zeit still, murmelte nur manchmal, sie sei gespannt, wie es weitergeht. Aber die Sendung lief schon den ganzen Nachmittag. Ich saß zu Hause, weil meine Eltern mich aus dem Kindergarten herausgenommen hatten, weil ich dort eine Geschichte erzählt hatte, die meine Eltern leider nicht mochten. Wir mussten uns im Kindergarten im großen Schlafsaal alle in einen Kreis setzen, 15 Fünfjährige ungefähr und eine Kindergärtnerin, nämlich Tante Beate, und die fragte jeden: »Und was macht denn dein Papa?« – »Zu meinem Papa fällt mir nichts ein«, sagte ich, und Tante Beate schaute mich merkwürdig an. »Ich glaube, er war mal Soldat und …« Wenn ich schon nicht wusste, was mein Vater eigentlich machte, denn er war weder Maurer noch Bäcker noch Fabrikarbeiter, er machte etwas auf einem Feld und am Computer, und das habe ich überhaupt nicht verstanden. Aber wenn man nichts weiß, muss man sich etwas einfallen lassen, was alle von den Sitzen reißt: »… und fährt einen VW.« Punkt. Tante Beate hat große Augen gemacht und ich dachte: »Toll gemacht«, und habe auf die Bewunderung gewartet. »Bist du dir sicher, dass ihr einen VW habt?«

»Ja«, sagte ich, »ganz neu, steht noch in der Garage, hat noch niemand gesehen.« Das hatte ich mir gut ausgedacht. Denn Tante Beate wohnte ja auch in der Siedlung, und die hatten eine Garage nicht weit von unserer, und da musste man dran denken, wenn man behauptete, dass wir ein neues Auto hätten. »Ich glaube nicht, dass sich dein Vater einen VW kaufen würde.« Das glaubte ich aber schon. Und als ich nach Hause ging, fragte ich meinen Vater, ob wir uns schnell einen VW kaufen könnten, weil ich heute im Kindergarten gesagt hätte, dass wir einen haben. Mein Vater ruft meine Mutter. »Karin?« – »Peter?« – »Karin, deine Tochter erzählt, dass wir einen VW haben.« Dann nahm er mich zu seinem Globus, der auf einem Regal stand, und zeigte mir unser Land. »Das sind wir, das ist die DDR, Deutsche Demokratische Republik. Hier gibt es keine VWs.« Sie war ganz klein. »Und was ist das?« – »Das ist die BRD, Bundesrepublik Deutschland. Da gibt es VWs und Demokratie, die ist aber keine, da wird man vom Kapital regiert.« Das habe ich überhaupt nicht verstanden, aber so getan, als hätte ich es verstanden, und genickt.

»Sprechen die auch deutsch?«

»Ja.«

»Und warum heißen die dann anders?«

»Weil es ein anderes Land ist.«

»Warum?«

»Das ist wie das Verhältnis zwischen dir und deiner Schwester. Nicht einfach.«

Ich verstand.

»Zwischen den zwei Ländern steht eine große Mauer.«

»Warum?«

»Damit die Bürger der BRD hier nicht reinkommen.«

»Schade.«

»Überhaupt nicht schade! Und jetzt räum eure Räuberhöhle auf.«

Vielleicht war es an dem Tag oder an einem Tag später oder eine Woche später, als ich mit meiner Mutter in den Konsum ging, der ein Stück die Straße runter war, an einem Platz mit großen Betonplatten, nicht weit von der Klärgrube entfernt. Da tuschelten zwei Frauen hinter dem einen Regal, das es in dem Laden gab, und fragten meine Mutter, als sie wie zufällig um die Ecke bogen, ob alles so weit gut laufe. Ja, schön, da könne man sich ja auch ein Auto leisten bei den guten Verhältnissen von so manchem, da freue man sich allgemein, wenn es anderen auch mal gut gehe, wo wiederum andere ja selbst für Obst anstehen müssten, während der eine oder andere – sie schienen mir etwas durcheinanderzubringen – tatsächlich doch schon einen Westschlitten fahre. Und da sagte meine Mutter nur, dass es kein neues Auto gebe, und entfernte sich mit dem Kinderwagen und einem sozialistischen Gruß. Und wir gingen raus, und meine Mutter guckte auf die Betonplatten und sagte, dass ich zu alt sei für den Kindergarten.

Deshalb saß ich zu Hause, als die Mauer fiel, und spielte mit meinen Murmeln. Es war schon dunkel und ich hatte meinen Schlafanzug angezogen. Meine Mutter guckte fern, und mein Bruder saß auf ihrem Schoss. Er war erst im Frühling geboren und noch so klein, dass ich über ihn vorerst nur sagen kann: Er zog mich an den Haaren. Der Mann im Fernsehen saß an einem Schreibtisch und sagte, dass ab sofort jeder reisen dürfe. Sie wechselte den Sender, und da lief das Gleiche noch einmal. Nicht, dass ich mich gelangweilt hätte. Aber ich ging in die Küche und guckte von dort aus dem Fenster auf die Klärgrube und die Wiese, und unten auf der Straße sammelten sich ziemlich viele Menschen.

»Rote Socken raus«, brüllte dann einer. Ich machte das Fenster auf, steckte den Kopf raus und winkte zu ihnen runter, und dann drehten sich viele Gesichter zu mir nach oben, und sie brüllten, dass rote Socken jetzt rausmüssten und dass die Mauer auch wegmuss. Auf einigen Balkonen schlurften Menschen, die man bisher nur in Straßenkleidung gekannt hatte, in Pyjamas und Pantoffeln und mit eingedrehten Haaren bis zum Geländer. Auch sie beugten sich herunter, um zu schauen, was los war.

»Was ist eine rote Socke?«, fragte ich meine Mutter, die, kaum dass sie das Fensterknarren gehört hatte, blitzschnell in die Küche kam. Dann guckte auch sie aus dem Fenster.

»Sind die betrunken?«, fragte sie.

»Was sind rote Socken?«

»Ich denke, die kommen gerade erst aus der Fabrik.«

»Oh, Fabrik!«, sagte ich, als wäre jetzt alles klar, und stellte mir die Fabrik vor wie unsere Wohnung: Die Waschmaschine läuft, der Trockner rumpelt. Papa kommt mit Kohlen aus dem Keller, während die Suppe auf dem Herd überkocht, Mama bügelt rote Socken, hört Radio, meine Schwester und ich hüpfen über den Teppich, einer fällt dann immer und knallt mit dem Kopf gegen den Wandschrank oder die Tischkante oder gegen einen der 20 Pflanzentöpfe, die aus dem Wohnzimmer so eine Art Wald machen, und heult dann, und das ist so eine richtig schöne Fabrik, unsere Fabrik mit roten Socken.

Meine Eltern gingen aber sonst in keine Fabrik. Sie hatten ein Institut und gossen dort Pflanzen, befühlten ihre Blätter im Gewächshaus, notierten sich auf ihren Feldern etwas in ein Formular. Wenn sie daraus eine bestimmte Erkenntnis gewonnen hatten, wurde diese allen landwirtschaftlichen Betrieben in der Nähe mitgeteilt. Ich saß oft auf dem Acker und atmete den Geruch der kühlen Erde ein. Im Sommer, wenn das Korn auf den Feldern schon gelb und trocken geworden war, rannten meine Schwester und ich in die Felder und versteckten uns zwischen den Halmen. Bis meine Mutter mit dem Mähdrescher kam. Meine Mutter fuhr diesen Mähdrescher, und ihr von der Sonne braungebranntes Gesicht strahlte dabei. Ihr rollte auf dem Feld ein Lastwagen hinterher, und der Mann brüllte ihr immer zu, dass sie endlich geradeaus fahren solle. Sie war sehr gründlich, sehr konzentriert, und man konnte durch die Sonnenbrille nicht immer erkennen, ob sie uns sehen konnte, aber dann pfiff sie nach uns, und wir rannten zu ihr, und dann brüllte sie etwas vom Mähdrescher herunter, weil sie fast taub vom Lärm war, und wischte sich mit einem zerrissenen Lappen den Schweiß aus dem Gesicht und lachte. Sie sah aus wie ein Filmstar. Ein Filmstar, der Mähdrescher fährt. Am Abend roch sie nach Benzin und Seife. Vielleicht wäre das ein guter Moment gewesen, alles anzuhalten.

Man sprach sie mit »Frau Doktor« an und ich dachte, alle, die einen Mähdrescher führen, hießen Frau oder Herr Doktor, und ich habe dann auch alle anderen mit Herr oder Frau Doktor angesprochen, auch noch viel später, als ganz andere die Maschinen lenkten.

Oder: »Oh, deine Mutter hat einen Doktor. Ist sie denn Arzt?«

»Nein, sie fährt Mähdrescher.« Hier hat der andere dann immer gelächelt. Aber schon damals vermutete ich, dass das etwas sehr Seltenes war, dass eine Frau Doktor hieß und kein Arzt war. Warum sollte auch jemand da, wo keiner mehr als der andere hat, einen Titel vor den Namen bekommen?

Das Institut war ein langes, niedriges Gebäude mit kleinen Fenstern, dazu ein Gewächshaus und Scheunen, wo der

Traktor stand. Hinter dem Haus lagen ein kleiner Garten, in dem bestimmte Kartoffeltypen gezüchtet und untersucht wurden, und ein Brunnen, der auf alles aufpasste. Er war gelb und hatte einen großen Hebel, mit dem man Wasser nach oben in den Hahn pumpte. Wir warfen meist Steine in das Loch und warteten auf das Geräusch, wenn der Stein ins Wasser fiel. Es dauerte extrem lange und dann hörte man das Platschen. Es klang, als wäre er in den Pazifik gefallen. »Papa, der Stein ist bestimmt in Amerika gelandet.«

»Fein«, sagte mein Vater.

Regnete es, hockte ich im Büro und guckte Silvio zu, wie er etwas in einen Computer tippte und mit der Nase schniefte. Silvio gab mir ein Blatt Papier und Buntstifte, und ich sollte malen, während er wieder auf seinen Computer guckte, so arglos, so wie ein Eichhörnchen sah er aus, und wenn ihm etwas nicht passte, merkte man das sofort, weil er kräftig stöhnte und brummte und alles möglichst laut auf den Tisch knallte. Und ich malte dann einen Panzer, in dem eine Familie wohnte. Zum Frühstück gab es für alle Hackbrötchen mit Zwiebeln. Mittags gab es Hackbrötchen mit Zwiebeln und am Nachmittag manchmal Kuchen und Kaffee oder Hackbrötchen mit Zwiebeln.

Worüber haben sie damals gesprochen? Ich weiß es nicht. Mutter, worüber hat man damals gesprochen? Ich weiß es nicht mehr.

Es schienen modellierte Tage zu sein, nichts Unvorhergesehenes, keine Überraschung, als hätte es nichts zu beschützen, zu bekämpfen gegeben, als hätte niemand scheitern, umfallen, sterben können. Keine Eile und kein Grund, heute etwas anderes zu machen als gestern. Jeder schien genau zu wissen, was zu tun war, nie stand jemand rum oder suchte etwas. Alles hatte seinen Platz. Nie Unordnung. Vielleicht war auch nicht genug da, um Unordnung zu machen. Es fühlte sich an, als könne sich nie etwas ändern, und manchmal habe ich darüber nachgedacht und gedacht, dass das eigentlich ganz schön so ist, weil man genau weiß, wann man Geschenke bekommt, also dass jedes Jahr Weihnachten und Geburtstag ist und Erntedankfest und Bastelnachmittage und das Schlachten auf dem Hof meiner Großeltern und der Geburtstag von Mama. Gut war auch, dass man jeden Tag irgendwo abgeholt wurde und dass jeder wusste, wo der andere war. Andererseits fand ich es unheimlich, dass sich nie etwas änderte. Würde ich immer das gleiche Dreirad haben und das gleiche Kinderzimmer? Später nämlich, ich weiß es genau, als alle sagten, die Mauer muss weg und jetzt wird alles anders, war ich erleichtert. Der Grund dafür schreibt sich Latzhosen. Ich hatte Latzhosen in allen Farben, rot, grün, als Cordlatzhose, als Jeanslatzhose, weiß-blaugestreifte Stofflatzhose, Latzhose mit kurzen Beinen, Winterlatzhose mit Watte gefüllt. Und ich hasste Latzhosen. Wenn sich alles änderte, dachte ich, mussten sich folglich auch die Latzhosen ändern. Und das taten sie auch. Leider kaufte meine Mutter für uns dann als Erstes zusammen mit dem Videorekorder auch Trainingsanzüge, und die waren noch bescheuerter. Ich will nicht sagen, dass die Leute keinen Geschmack hatten, aber er war sehr anders als der ihrer Kinder oder des Rests der Welt. Was war in sie gefahren? Bis zur Unkenntlichkeit geschminkte Frauen. Leuchtend blonde Strähnen in den Haaren. Als müsste jetzt nachgeholt werden, was man 40 Jahre verpasst hatte. 40 Jahre Sozialismus mussten weggefärbt werden und in bunten Trainingsanzügen verschwinden.

Im ersten Moment fällt es einem ja gar nicht wirklich auf, doch rückblickend betrachtet sah man in dem neonblauen, mit rosa Blitzen bedruckten Trainingsanzug aus wie ein Clown. Später behaupteten alle, man habe sich dem West-geschmack anpassen müssen. Das Gegenteil war der Fall: Vom Musikgeschmack bis zu den Tischtüchern haben sie alles selbst ausgetauscht, ganz ohne Drohungen. Ein Ver-kauf des Selbst, der auf Ahnungslosigkeit basierte, so wie der Indianer das Feuerwasser nimmt und danke sagt und noch nicht weiß, dass es ihn zugrunde richten wird.

Ich suche für einen Moment im Schrank unter dem Aqua-rium ein Netz, um einen der glubschäugigen Fische heraus-zuholen, der schon längere Zeit bewegungslos im Wasser treibt, und als ich wieder hochkomme und mit dem Netz ins Wasser tauche, sehe ich meinen Vater nicht mehr. An-gesichts der Wunder, die seit einiger Zeit in der Wohnung vor sich gehen, zum Beispiel das Wunder *Film wird von einer schwarzen Kassette abgespielt*, das Wunder *Holz an der Wand, das sich anfühlt wie eine Tapete* oder das Wunder *Mikrowel-le*, das Wunder *Heizung*, das gegen das Wunder *Eisblumen am Fenster* eingetauscht wurde – angesichts dieser Wunder bin ich bereit zu glauben, mein Vater sei in den Fernseher hineingegangen oder in das eigenartige Kupferbild an der Wand mit einer Frau drauf, die ein langes Kleid trägt, das vom Wind durcheinandergebracht wurde, und einen Bogen in der Hand hält. Das habe ich mal in einem Film gesehen, also dass Menschen auch in Bildern verschwinden können. Dann raschelt hinter mir etwas, ich drehe mich um, und er steht da mit meiner Jacke und Schuhen und sagt, ich solle mich anziehen, wir müssten los.

Wir fahren im Trabi raus aus dem Viertel, eine Landstraße entlang, in die Stadt hinein, die ich gut kenne, da ist das Institut. Ich habe das Gefühl, mich gut zu verstehen mit meinem Vater, auch wenn wir nichts reden. Er redet manchmal mit sich selbst, das kommt, glaube ich, von der Hirnhautentzündung. »Wohin fahren wir?« – »Zur Wahlversammlung des Demokratischen Frauenbunds.« Ich bin verwirrt. Demokratisch? Heißt das, auch sie sind vom Kapital regiert?

Vor dem Rathaus fährt mein Vater etwas langsamer. Er fährt um das Rathaus einmal herum und parkt ziemlich umständlich ein, obwohl auf dem ganzen Vorplatz nur drei Autos stehen. Als wir in das Rathaus reingehen, wird es sofort dunkel und stickig. Von weitem hören wir aus dem Saal, den ich vom Fasching kenne, schon viele Frauenstimmen und Gläserklirren, und mein Vater zittert und schwitzt, was ich auf seiner Stirn und an seinem Hemd sehen kann. Dann kommt eine Frau raus und erschreckt sich, dass da zwei stehen vor der Tür, und sagt: »Ach schön, dass doch noch ein Genosse kommt. Immer rein in die gute Stube.« Als sich die Saaltür öffnet, wird es wegen der großen Fenster im Saal gleich so hell, dass wir die Augen etwas zusammenkneifen, und die Frau sagt zu meinem Vater, dass es schön wäre, wenn er ein paar Worte an die Frauen richten würde, denn der eigentliche Redner sei nicht gekommen, überhaupt sei kein Mann und schon gar kein Genosse gekommen, und jetzt sitze man hier etwas ratlos herum. »Das verstehe ich nicht, also wirklich, das ist hier eine Wahlversammlung des Demokratischen Frauenbund Deutschlands und da ist kein Genosse, also da sind die Sitten aber wohl gleich eingebrochen«, sagt sie und stützt etwas verärgert die Hände in die Hüften. »Wie, es ist kein Mann da? Kein Vertreter der Bezirksleitung?«, fragt mein Vater. »Keiner«, sagt die Frau. »Da müssen Sie jetzt reden.«

Mein Vater entsetzt: »Also, das macht doch jetzt keinen Sinn, wenn ich da etwas sage, wo doch niemand da ist.«

»Wir sind da. Also wirklich! Das ist ja, als würden Sie sagen: Die Frauen des Demokratischen Frauenbund Deutschlands sind niemand.«

»Ich meine, nein, natürlich nicht. Aber …«

Seine Augen werden ganz groß und gucken abwechselnd sie und dann die Frauen im Saal an, weil die Frau die große Flügeltür festhält, und dann merke ich, wie er eine Bewegung macht, die wie Rückzug aussieht. Aber im Saal haben sie uns sowieso schon gesehen und bitten uns jetzt unter lauten Anfeuerungen hinein. Mein Vater beugt sich zu mir runter, und das Letzte, was er zu mir sagt, ist, dass ich mich absolut unauffällig verhalten solle, mucksmäuschenstill soll ich sein, nicht stören und nichts anfassen. An vier Tischen sitzen bestimmt jeweils 15 oder 20 Frauen. Ich setze mich an einen Tisch ganz vorn vor die Bühne, neben die Frau von der Tankstelle, und meine Hausärztin schaut mich von der anderen Seite genauso streng an, wie sie es tut, wenn sie mir die Lunge abhört. Eine Frau, die mir direkt gegenübersitzt, kenne ich nicht, sie stellt mir aber gleich ein Stück Kuchen hin. Der Kuchen ist schön und die Frau ist auch schön, so was habe ich ja noch nie gesehen: einen bunten Kuchen und eine Frau mit langen blonden Haaren. Ihr Arm ist bedeckt mit einem ganz hellen Flaum und ich wünsche mir, auch ganz viele Haare auf dem Arm zu bekommen, und beschließe, in den Demokratischen Frauenbund einzutreten und Kommunistin zu werden. »Papageikuchen«, sagt sie und lächelt mich an, so liebevoll, so herzlich, so vertraut, dass ich nur eines will, nämlich ihre Haare flechten.

In der Zwischenzeit ist mein Vater offenbar auf der Bühne angekommen. Ich höre ein Räuspern durch die Lautsprecher und sehe seine Hände am Mikrofon herumdrehen. Er ist ziemlich klein.

»Nun, ähm, die meisten von Ihnen kennen mich sicher. Heute spreche ich in ehrenamtlicher Funktion eines stellvertretenden Parteisekretärs der SED dieser Stadt zu Ihnen. Ich bin dann wohl der einzige von den Eingeladenen, der gekommen ist. Alle anderen Vertreter von Parteiebenen der SED, Blockparteien bzw. Massenorganisationen sind, wie es aussieht, nicht anwesend.« Grün und rot und gelb ist der Kuchen, ja, sie hat absolut recht, die blonde, schöne Frau, es ist ein Papageikuchen. Auf dem Tisch stehen auch eine Torte mit Tortenheber und ein Blumengesteck, das aber nicht echt ist, sondern aus Plastik, das teste ich immer, wenn ich Pflanzen irgendwo in Töpfen sehe, weil man ja manchmal auch denkt, dass die unecht sind, und dann knickt man sie um, und sie waren doch echte Pflanzen. Und dann hat man jemanden umgebracht. Und das gehört sich nicht. Die hier sind nicht echt, ihre bunten Blüten ziehen Fäden. Kerzen stehen auf niedrigen Porzellanständern in Form von Delphinen mit Glitzer dran.

»Denen ganz oben sollte man mal kräftig auf die Finger klopfen«, sagt die Frau von der Tankstelle.

Mein Vater stockt. Ein strenger Blick. Ich höre auf zu kauen. Dann spricht er mit dem Kronleuchter.

»Und so wurde ich in Ermangelung anderer gebeten, ein paar Worte an Sie zu richten. Doch was soll ich Ihnen sagen? Ich habe noch nie eine Rede gehalten.« Ich suche einen

Löffel, um den Kuchen zu essen, weil man Kuchen nicht so einfach mit den Fingern essen darf. Jedenfalls, wenn Fremde zuschauen. Eine Frau am Tisch holt zwei große Nadeln raus und ein Wollknäuel und beginnt zu häkeln.

»Langer Rede kurzer Sinn: Möglicherweise werden alle miteinander in naher Zukunft mit Dingen konfrontiert werden, die heute noch keiner glauben kann. Wichtig ist allerdings, dass man fair miteinander umgeht. Gibt es Fragen?«

Keiner sagt etwas.

»Demokratie ist ein offener Diskurs. Ich möchte Sie ermuntern, nun zu reden.«

Stille.

»Na, dann wünsche ich Ihnen einen schönen Abend.«

Mein Vater verlässt die Bühne und geht steif zur großen Eingangstür mit den bunten Gläsern, die man nur aufschubsen muss und deren Flügel noch lange hin- und herschwingen, wenn einer durchgelaufen ist. Er geht durch, die Türen schwingen. Dann stehe ich auf und renne hinterher. Draußen sehe ich meinen Vater den Trabi aufschließen und renne zu ihm. »Da bist du ja. Wo warst du?«, sagt er.

Ehe ich antworten kann, kommen zwei Männer über den Platz gelaufen und heben beide lässig die Hände, als würden sie uns kennen, und sagen »Moin«. Ich solle einsteigen, sagt mein Vater, und ich steige ins Auto, lasse aber die Tür auf. Sie haben dunkle Stimmen, viel rauher als die Stimme meines Vaters, einer hat einen dicken Vollbart, der andere ist kleiner und hat die dünnen Haare streng zur Seite gekämmt, so dass sie sich wie ein Schleier über den Schädel legen. Als sie vor meinem Vater stehen, werfen sie ihren Schatten über ihn und erscheinen mir wie Riesen. Handschlag. Der Typ mit Seitenscheitel sagt zu meinem Vater: »Bist du bescheuert? Nimm das Parteiabzeichen endlich ab, sonst nehm ich es dir ab.« Mein Vater stottert, also, wie jetzt, was. Ob er wirklich noch nicht mitbekommen habe, dass alles vorbei sei, sagt der andere und wischt sich Spuke aus dem Bart. Mein Vater schaut sich um. Der Platz liegt still im Abendlicht. Ein Trabi fährt vorbei. Die Räder quietschen. Vom Bäcker her duftet es nach Brot. Vorbei?

Er dreht sich um und setzt sich auf die Fahrerseite des Trabis. Ist Demokratie jetzt gut oder schlecht?, will ich fragen. Es scheint mir ein sehr dehnbarer Begriff zu sein. Demokratie. Wenn alles Demokratie schon im Titel hat, aber jetzt erst die richtige Demokratie kommt, warum nannte man sich vorher schon Demokratische Republik und Demokratischer Frauenbund? Das ist doch albern, denke ich, das ist doch Gehirnwäsche zu behaupten, man sei in einer Demokratie, wenn die Demokratie erst jetzt kommt. Das ist, als wolle man sagen, 3 + 3 ist 7. Das ist die Logik meines Bruders und der ist drei und kann nicht rechnen. Oder war es nur ein bisschen weniger Demokratie als jetzt die neue? Aber es gibt auch kein bisschen weniger Telefonnummer, die ist dann nämlich eine falsche.

Mit dem Wort, denke ich, muss man aufpassen, es könnte eine Falle sein, das ist wie mit der Behauptung, Persil werde alle Flecken aus dem weißen Hemd waschen. Eine Behauptung, damit man dieses Waschpulver kauft und kein anderes. Das Wort ist überall.

Mein Vater nimmt den kleinen Anstecker von seinem Jackett ab, ich habe beide, also Anstecker und Jackett, vorher nie an ihm gesehen.

Ich frage: »Was ist das?«

Er: »An und für sich geht es hier konkret um Dinge, die du nicht verstehst.« Im Grunde habe er den Quatsch mit Abzeichen und Parteisekretär ja auch nicht mitmachen wollen, aber dann habe es geheißen, mach das Abzeichen dran, sonst bist du kein ordentlicher Genosse, und mach du jetzt den Parteisekretär. Und er sei halt immer der Kleinste in der Runde, und in der Kampfgruppe musste er auch noch das schwere Gewehr tragen, und alle anderen durften die Kalaschnikow haben. Und jetzt kommen so Deppen, die auf jeden Befehl gehört haben. Und solche Leute sind die Ersten, die einem das Abzeichen wieder abmachen wollen, sonst knallt's, einfach so, das müsse man ja nicht gleich mitmachen. Das gehöre sich nicht. Haben die keine Ehre?

Nie solle ich vergessen, woher ich komme.

Er tippt entschlossen auf das Kunstlederarmaturenbrett.

Das ist, denke ich, schwer zu sagen, woher man kommt.

Version I: Eltern Akademiker (haben vor allem Mähdrescher gefahren und Erde umgewälzt), im Bücherregal: Karl May, Karl Marx, Karl Valentin.

Version II: Alle scheinbar unzufrieden (Grund unbekannt). Schwierig. Platte. Rundherum viele kaputte Autos. Früh mit Alkohol konfrontiert.

In dieser Nacht träume ich, dass ein Tyrannosaurus Rex vor dem Balkon unserer Wohnung steht und zu uns hineinschaut. Sein Maul ist halb geöffnet, und man kann spitze Zähne sehen, von denen Spucke heruntertröpfelt. Unmöglich, denke ich, Dinosaurier sind ausgestorben, das weiß jedes Kind, aber hier ist einer, unmöglich, unmöglich! Ein gelbes Auge taucht genau vor dem Fenster auf. Wir springen vom Sofa weg und verstecken uns dahinter, unter dem

Tisch, neben der Schrankwand, hinter dem Ofen. Und dann sagt der Dinosaurier: »Ihr müsst fair zueinander sein!«, und reißt bei den Nachbarn den Balkon ab, auf dem ein kleines aufblasbares Planschbecken liegt. Und auf beidem, auf dem Planschbecken und dem Beton, kaut der Tyrannosaurus herum und geht dann weiter.

Während mein Vater eine Technik entwickelt, mit seinen neuen Filzpantoffeln Fliegen zu jagen, werde ich in die zweite Klasse versetzt. Mit den Zeugnissen ist man nicht immer zufrieden. Pulverschnee fällt auf Pappschnee. Ich bin damit vertraut und kenne den Unterschied. Pulverschnee rieselt unangenehm in den Pullover. Wenn man auf die aus Pappschnee geformten Schneebälle etwas Wasser träufelt, hat man ein paar Minuten später ein Wurfgeschoss, das dem Gegner sehr schaden kann.

Am Nachmittag stehe ich dann auf dem Kiesparkplatz vor der neu gebauten Schule, ein flacher, weißer Bau, in dem wir der erste Jahrgang überhaupt waren und alles nach frischer Farbe roch, und warte auf meine Mutter und sehe, wie die Lehrer rauskommen und die Putzfrau reingeht und mit knallblauen Tüchern den Boden zu wischen beginnt. Seit neuestem ist das jetzt so, dass meine Mutter um drei Uhr kommt, wenn man ihr zwei Uhr gesagt hat. Dann knattert sie mit einer irren Geschwindigkeit durch die Schlaglöcher über einen Bordstein über den Kies und hält mit einer Vollbremse genau vor meinen Füßen. Ich muss mich beeilen mit dem Einsteigen, dann fährt sie los.

Im Klassenraum, wo meine Mutter jetzt umgeschult wird, ist die Luft stickig.

»Mama, ich glaube, ich habe Fieber.«

»Du hast kein Fieber.«

»Es ist vielleicht auch Mumps.«

»Du hast kein Mumps.«

»Ich habe Hunger und Fieber.«

»Ich habe noch einen Apfel in der Tasche.«

»Ich will keinen Apfel.«

Meine Mutter verzieht keine Miene und schaut auf den Computerbildschirm.

»Mama, ich glaube, ich habe eine Hirnhautentzündung.«

Ein paar Leute drehen sich zu uns um, die Frauen sehen besorgt aus und die Männer genervt. Dann kommt der Lehrer von meiner Mutter, gibt mir ein Milky Way und sagt: »Soll ich dir mal was zeigen?« Er klickt mit einer Maus herum und zeigt mir ein Kartenspiel am Computer und erklärt, wie es funktioniert. Farben nach Farben sortieren. Solitär heißt das Spiel. Dann geht er wieder an seinen Tisch vor der ich nenne sie mal Klasse.

»Gut, dann machen wir weiter mit der Integration in die neue Welt. He, he … Nur ein Spaß.« Er räuspert sich und fragt, ob es allen auffalle, dass er sich so räuspere, wie Beethovens Neunte klinge. So nämlich: Rämrämräm rääm. Sein Publikum tauscht Blicke aus und zieht die Schultern hoch, und ein Gemurmel geht los: »Ja, ne, irgendwie rausgehört … lag mir auch schon auf der Zunge.«

»So: Das war Excel, wir üben das nachher gleich noch mal, aber sind Sie so weit, sich an etwas anderes zu trauen? Ja? Dann gehen wir jetzt mal auf ›Start‹, ›Programme‹, und öffnen Word, W-O-R-D, das ist englisch. Wer weiß, was es heißt?«

Jemand brummelt: »Wort.«

»Genau.« Er dreht den Daumen nach oben und lächelt. »Sehr gut, sehr richtig.«

»Glauben Sie mir, ich bin nicht gekommen, um Ihnen hier ihre Fähigkeiten abzusprechen. Wir nähern uns am besten alle gemeinsam an. Man braucht Zeit, sich aneinander zu gewöhnen. Wir sind ein Volk und wollen auch ein Volk werden.«

Der Mann vorn redet die ganze Zeit, fast ununterbrochen, schon als er die Tür aufmacht, fängt er damit an: dass er sehr froh ist, mal den Osten zu sehen, und das alles superspannend findet und froh ist, dass wir jetzt alle zusammengehören. Und dann fragt er sich: »Ich frage mich, wie sich das für Sie anfühlen muss. Na ja, herzlich willkommen in der BRD, also Deutschland.« Dann verteilt er Tchibo-Aufkleber und »Ein Herz für Kinder«-Aufkleber. Und alle sagen danke.

»Was Sie lernen müssen«, sagt er jetzt, als alle noch nach diesem Programm suchen, »ist, dass Sie hier für sich kämpfen, ganz allein.« Ängstlich schauen einige auf. »Nein, das ist nicht schlecht, sondern gut, Sie sind ein Wolf, ein Tiger. Sie dürfen sich nichts gefallen lassen. Job verloren? Weitermachen. Sie waren doch nicht schlecht in der Zone, in Mathe und Sport zumindest, nicht wahr? Und was die Dresdner Stollen angeht, da hätte man gut und gerne ein paar von uns Wessis in Dresden fotografieren können, wie wir mit unseren ersten Dresdner Stollen stolz aus der Kaufhalle kamen. In anderen Städten reden die Menschen eben auch nur über andere Städte.«

Dann fordert er alle auf, an die Zukunft zu denken. Er entschuldigt sich für einen Moment und geht mit Anlauf aus dem Raum.

»Verdammt noch mal, lass das«, ruft meine Mutter, als ich versuche, auf den Tisch zu steigen.

»Ich hab Fieber, ich muss mich hinlegen«, sage ich.

»Also, wer flucht denn hier?«, sagt eine Frau in der ersten Reihe.

»Kleiner Rebell«, flüstert ein Mann, der an einem Computer gleich neben meiner Mutter sitzt. »Das legt sich hoffentlich wieder«, sagt meine Mutter zu ihm, und er lacht laut, und ich denke, dass ich den schon mal bei uns am Getränkekiosk gesehen hab. Er ist groß und schmal und hat kurze, dunkle Haare, die glänzen. Er sieht jung aus. Wie einer, bei dem man noch nicht sehen kann, wie er ist und was er macht. Auf jeden Fall lacht er oft. Dann flüstern die beiden. Er sagt, er heiße Markus. »Ich heiße Markus, aber wir kennen uns vielleicht vom Sehen. Ich wohne auch drüben im Viertel, seit letztem Jahr wieder.«

»Ach, wieder?« (Wo war er?)

»Ja, wieder.« (Wohin sollte ich sonst gehen?)

»Irgendwie ist das doch hier sinnlos, oder?« (Ich fühle mich erniedrigt.)

»Hab ich auch gedacht.« (Eigentlich nicht, es ist besser, als zu Hause zu sitzen, auch wenn ich schon programmieren kann, man lernt halt Leute kennen.)

Sie schweigen. Der Lehrer kommt mit einer Tasse wieder rein, aus der es dampft. Er riecht und schließt die Augen. »Hm, ach herrlich, der Kaffee hier. Hab selten so guten Kaffee getrunken.«

»War 88 in den Bau gegangen, da ist es gut, unter die Leute zu kommen.«

(Fünf Minuten später.) »Ach so.« (Sie verbindet verschiedene Assoziationen und Schreckensbilder mit dieser Antwort.)

»Weil ich nicht zur Wahl bin.« (Versteht jemand diese Sinnlosigkeit? Ich nämlich nicht.)

»Ach du Scheiße. Begreife ich nicht.« (Absolute Verblüffung. War das ein Vorwurf?)

»Ja, ich hab's auch nicht begriffen.« (Sollte ich einen Witz machen, damit es keine unangenehme Stille gibt?)

»Saustaat«, sagt ein Mann neben Markus zu seinem Computer, dreht sich dann zu den beiden hin, und ich sehe sein Gesicht. Er hat rote Pünktchen auf der Nase und rote, gelockte Haare. »War bei den Volkspolizisten. Meistens am Schreibtisch.«

»… Und vergessen Sie bei all der Arbeit nicht, sich auch einmal selbst zu beschenken«, sagt der Lehrer. »Einmal am Tag, heißt es ja, soll man sich etwas schenken: ein Nickerchen im Bürostuhl, ein Stück Käsekuchen oder einen Saunagang. Nun … und was die Agrarreformen angeht …«

Meine Mutter nimmt meine Hand, und wir gehen zur Tür. Zwei andere Frauen folgen. Als wir draußen im Flur stehen, sagen die Frauen, sie wollten nur mal schauen, ob alles in Ordnung sei. Ob sie das mit der Kalkulation auch nicht verstanden habe. Doch, doch, irgendwie schon. Ah ja. Na, und dann habe sie sich so angeregt mit dem Herrn Schlosser unterhalten. Der war doch im Knast. Was hat er denn erzählt?

Wir gehen zum Auto, meine Mutter schließt es auf, da nähert sich von hinten der Lehrer. »Ach, Frau Hünniger, was ich Sie fragen wollte.«

»Huch, ja?« Meine Mutter erschrickt, wirft die Unterlagen in das Auto und dreht sich um.

»Brauchen Sie eigentlich eine Versicherung, also Haftschutz, Haushalts etc. pp.?«

»Ne, also ich weiß nicht, ne, ne.«

»Lebensversicherung? Sie wollen Ihre Kinder doch nicht brotlos… Wenn doch mal …«

»Der Schlüssel ist im Auto. Verflucht!« Meine Mutter versucht die Autotür zu öffnen, es ist ein Opel Kadett, der eine automatische Verriegelung hat, der Knopf ist einfach heruntergeschnappt, und der Schlüssel liegt auf dem Fahrersitz zwischen den Unterlagen.

»… Man weiß ja nie. Zack sind Sie tot, und dann haben Sie den Salat.«

»Wie krieg ich das verdammte Auto jetzt auf? Das ist doch zum Mäusemelken.«

»Was? Auto? Wo hamse den denn her? Eijeijei, ist ja ein Schrotthaufen. Seh ich sofort. Ich könnte Ihnen da ein Angebot machen.«

»Es ist zu.«

»Gut! Autos muss man jetzt abschließen!«

»Nein, der Schlüssel ist drin.«

»Das haben wir gleich.«

Er wühlt in seiner Aktentasche, biegt so eine Art Kleiderbügel zurecht und werkelt am Fenster und am Schloss herum. Der Knopf springt nach oben. »Hundertmal gemacht«, sagt er stolz.

»Ähm, danke«, sagt meine Mutter.

3. Freiheit

Ich erreiche Weimar, steige am Bahnhof aus und ziehe in ein Hotel. Ein kleines, mitten in der Stadt. Man kehrt zurück in die Heimat, und da, wo Heimat ist, wo man den Blumenmann und die Fahrradfrau sofort erkennt, zieht man in ein Hotel. Ein Fremder, einer auf Besuch, einer mit Kreditkarte. Aus der Backstube Rose am Herderplatz riecht es nach Brötchen, ihre Spezialität sind Kuchen, alles nach alten DDR-Rezepten gebacken, von einem Bäckerpaar, das an sieben Tagen in der Woche trotz schwerer Verbrennungen arbeitet. Ich checke ein. Ich gehe auf das Zimmer, öffne das Fenster. Es ist heiß. Das Badezimmer ist neu. Nirgendwo Schimmel. Es riecht, wie es riecht, wenn man die Werbung von Meister Proper sieht und zu wissen glaubt, wie Sauberkeit und Glanz riechen sollten. Es riecht so, wie man sich den Geruch von Meister Proper Bergfrühling vorstellt. Obwohl ich nicht weiß, wie Bergfrühling riecht. Nicht einmal, wie Frühling riecht. Mir fällt da kein Geruch ein. Ich weiß, wie der Winter riecht, wie Frost riecht. Wie der kalte Morgen nach einer Nacht riecht, in der es sogenannten Frost gegeben hat. Es ist eine absolut saubere, ungetrübte Luft, aber verkaufen lässt sich der Duft »Frost« oder »Winter« ja doch nicht. Es riecht hier etwas nach Zitrone, würde ich sagen. Ich zünde eine Zigarette an und rauche sie am Fenster. Das wird schon gehen, das wird schon keiner merken.

Ich schaue aus dem Fenster. Unten läuft ein dicker Mann vorbei in einem buntkarierten Hemd. Ob ich sie noch alle hätte, ruft er zu mir hoch. Er hat eine randlose Brille.

Er geht in das Hotel.

Mein Telefon klingelt.

»Spreche ich mit Frau Hünniger?«

»Hm, ja, wer ist denn da?«

»Ich möchte, dass Sie unser Haus sofort verlassen!«

»Ähm, was? Warum?«

»Würden Sie bitte herunter in die Lobby kommen.«

In solchen Momenten suche ich a) die endgültige Antwort auf die Frage nach dem Universum und b) nach innerer Ausgeglichenheit. Douglas Adams hat dafür in *Per Anhalter durch die Galaxis* einen Computer namens Deep Thought. Der rechnet aus: die Antwort auf alle Fragen nach dem Universum. Die Lösung aller Fragen lautet: 42.

In der Lobby wartet der dicke Mann mit dem buntkarierten Hemd an der Rezeption. Der Raum ist ganz beige, ab und zu vergoldet. An Lampen, am Geländer, an Rändern. Die langen Blumen in der großen Vase auf dem Tresen der Rezeption verdecken die Frau dahinter. Langsam wird es dunkel.

»Sie haben eine Zigarette geraucht.«

»Ja.«

»Sie wissen, dass wir ein Nichtraucherhaus sind.«

»Hm.«

»Sie haben die Regeln gebrochen und ich fühle mich persönlich angegriffen.«

»Sie können sich durch eine Zigarette doch nicht persönlich angegriffen fühlen.«

»Doch.«

»Tut mir leid.«

»Das können Sie in der großen Stadt vielleicht machen. Aber nicht hier. Nicht in Weimar. Wir sind vielleicht klein. Wir sind vielleicht Ossis. Aber geraucht wird hier nicht.«

»Ich bin eigentlich …«

»Es ist mir egal, wer Sie sind. Wir sind sensibel!«

Außerdem: Er habe alles so liebevoll eingerichtet. Es ist nicht der richtige Zeitpunkt für eine eigene Meinung.

Ich liebe diese Stadt. Weimar hat Fernweh. Weimar wäre manchmal gern Paris. Oder am Meer. Das Meer ist weit weg.

Am Bahnhof warte ich auf meine Freundin. Was lesen wir heute in der Zeitung? Babys, die vom Balkon fallen, entführte Kinder, Nazis, die sich zusammenrotten, Stasi. Gegenwart. Ich lese lieber die überregionalen Zeitungen. Sie haben die besseren schlechten Nachrichten.

Früher war alles besser. Ich zeige meiner Freundin die Stadt, ich weiß nicht, was ich ihr zeigen soll. Hier, bitte schön, der Theaterplatz, das sind Goethe und Schiller. Baby, ich komme nicht vom Mars, sagt sie dann. Das Plattenbauviertel zeige ich ihr nicht. Nicht, weil ich mich schäme. Es ist fremd geworden. Es wohnt keiner mehr dort, den ich kenne. Die Nachbarn sind andere, habe ich gehört, es gibt einen neuen Sportplatz. Es ist Heimat, aber nur in der Erinnerung. Heute wohnen meine Eltern außerhalb der Stadt, in einem kleinen Dorf, auf der anderen Seite des Ettersbergs. An unsere Wohnung im Viertel erinnere ich mich gut. Es standen überall Bücher herum. Science-Fiction vor allem und Karl May. Meine Eltern waren Kommunisten. Aber die große Marx-und-Engels-Ausgabe verstauten sie unter dem

Bett. Im *Kapital* blätterte mein Vater noch gern und zitierte daraus. Unser Spielzeug hieß Klecks, Fips, Flip und Wuschi.

Ich glaube, es war ein heißer Tag. Einer dieser Tage, die schlimm enden würden. Mit einem Gewitter und garantiert heftigem Donner. Es lag so etwas in der Luft, als mein Vater den Globus aus meinem Regal zog. Er nahm ihn an der Plastikleiste, die um die Erdkrümmung gespannt war, und stellte ihn behutsam auf den Teppich. Der Ordnung wegen sagte er noch: »Es gibt Dinge, die nicht zusammengehören«, fummelte die Plastikleiste ab und trat dann mit dem Fuß auf die Pappkugel. Er drückte seinen rechten Fuß ganz langsam in den Globus hinein. Als er ihn wieder herausziehen wollte, blieb sein rechter Hausschuh darin stecken. Dann stopfte er alles zusammen in den Kohleofen, brach einen dieser weißen, nach Benzin riechenden Kohleanzünder ab und ließ Globus, Hausschuh und Anzünder in Flammen aufgehen. Es war Sommer 1990, ich war fünf Jahre alt, spielte mit Murmeln, und die DDR tat ihre letzten Atemzüge.

Ein Rückblick: Der 9. November 89 war ein Schock. Die Bilder der Euphorie sind Bilder der anderen. Gerade hatte mein Vater irgendwo auf dem Land ein Agrarinstitut aufgebaut, gerade müssen sie die Felder umgegraben haben, sie für den Winter und das nächste Frühjahr vorbereitet und den Sommer ausgewertet haben. Kleine, gesunde Zöglinge werden sie im Gewächshaus herangezogen haben, damit die gerade und stark in den nächsten sozialistischen Frühling wuchsen. In unserem Plattenbauviertel säuselte gerade noch der Wind. Ein paar DDR-Fahnen klimperten vor den Fenstern. Der Geist, der diesen Ort bewohnte, war sehr unfreundlich. In der Mitte der Plattenbausiedlung stand eine Klärgrube, daneben eine schaukellose Kinderschaukel und ein Sandkasten. Von unserer Wohnung in der dritten Etage konnte man auf die gerissenen großen Platten der Klärgrube schauen. Es roch immerzu nach Jauche. Es war wenig abwechslungsreich.

Die Platten wirkten, obwohl nichts zerstört war, wie Ruinen. Und man hatte manchmal das Gefühl, in Ruinen zu leben – in Ruinen, deren eigentliche Epoche mir fremd war. Die Nationalhymne der DDR kenne ich nicht, sie hat etwas mit Ruinen zu tun. Ich könnte sie googeln. So sehr interessiert sie mich aber doch nicht. Ich bin mir sicher: Sie verspricht eine bessere Welt. Sie interessiert mich noch weniger. Ich puste höchstens den Staub von den Fotografien. Auf denen sehe ich: eine andere Welt.

In der Plattenbausiedlung gab es auch einen Kindergarten. Den verließ ich 1990. Wir waren der letzte Jahrgang. Danach wurden keine Kinder mehr geboren. Das Bild junger Familien ist ein Bild der Vergangenheit. Keine junge Familie wollte mehr in der Platte wohnen. In der Platte wohnten ab sofort nur noch Assis. So hieß es jedenfalls. Wenn die Sonne unterging und das Orange sich in den vielen Fenstern eines großen Blocks spiegelte, saßen Lucian und ich manchmal noch neben der Klärgrube auf einem großen Traktorreifen, der »Sandkasten« genannt wurde, obwohl gar kein Sand, sondern nur Torf und kalte Erde darin waren. Von dort aus blendete uns das gespiegelte Sonnenlicht, und Lucian sagte: »Die Platte ist ein großer Weihnachtskalender.«

In unserem Weihnachtskalender gab es bald keine kleinen Kinder mehr. Und der Kindergarten wurde geschlossen. Wir schmissen die Scheiben ein.

Drinnen akkurat an der Wand in einer Reihe angelehnt: Plüschtiere. Kaputte, staubige Bretter, bei denen man sich fragte, wann die so kaputt hatten gehen können.

Aus dem Kindergarten wurde ein Jugendzimmer. Das Jugendzimmer wurde sofort von Neonazis besetzt. Es gab viele Neonazis, die nur aussahen wie Neonazis, die das als Moderichtung begriffen, und es gab die Neonazis in unserem Viertel, die sich vor allem gegenseitig den Schädel einschlugen. Jedenfalls solange es noch keine Ausländer gab.

Es kämpften dann Neonazis mit weißen Schnürsenkeln gegen Neonazis mit roten Schnürsenkeln und man wusste nicht, wohin man sich retten sollte. Im Jugendzimmer saßen die Glatzen, und sie wurden von draußen von anderen Glatzen mit Steinen und Knüppeln beschmissen. Am Abend ließ man Metalljalousien herunter. Ich habe gedacht, dass die schon verdammt dämlich sein müssen, so wie die sich gegenseitig jagen. Man lief am besten einen großen Umweg.

Später, nachdem mein Vater den Globus zertrampelt und angezündet hatte, ging er aus dem Zimmer und hinein in ein langes Schweigen. Er hatte keine Lust mehr, mit irgendjemandem in Verbindung zu treten. Auch sonst wurde es still um uns herum, die einzigen Akademiker in der großen Siedlung. Der Alkoholkonsum stieg gewaltig. Nicht selten lag ein Nachbar morgens im Treppenhaus und suchte vollkommen blau seine Wohnung. Das war das Phänomen, das ich in dieser Zeit beobachten konnte. Vorher betrank sich zwar auch jeder, allerdings wurden dafür Anlässe erfunden, die man zusammen und mit großem Lärm feiern konnte. Jetzt standen die Nachbarn am Tag am Straßenrand und pflegten die neu angelegten Stiefmütterchenbeete und wollten nicht gegrüßt werden. Die Abkürzung ABM war zutraulich in Umlauf. Arbeitsbeschaffungsmaßnahme. Ich glaubte damals, jemand hätte die Menschen beraubt, ihnen etwas, von dem ich nicht wusste, was es sein könnte, weggenommen. Ich hatte das Gefühl, wieder Gerechtigkeit in die Welt bringen zu müssen, und wurde etwas voreilig mit fünf Jahren Kommunistin. Die Kenntnisse hatte ich mir auf der Straße angeeignet.

Draußen explodierten jedenfalls ekstatische Freudenfeuerwerke, und drinnen sah ich meinen Vater nur noch durch das Aquarium, das im Wohnzimmer den Esstisch vom Sofa trennte. Am Kopf meines Vaters schwammen extrem kleine und stumme Fische vorbei, und wir tranken Pfefferminztee vom Vortag. Es gab bei uns keine Zeitungen, und unsere erste Telefonnummer durfte nicht weitergegeben werden. Mein Vater hatte offenbar Angst, man könne ihm wegen irgendetwas, wegen eines Geheimnisses, so glaubte ich, zu Leibe rücken. Und mein Vater verließ das Haus nur noch, um zur Arbeit zu gehen. Selbstverständlich gab es kein Institut mehr. Er war jetzt Angestellter in einem Amt der BRD. Sonst veränderte sich wenig: Es gab keine neuen Möbel oder neue Kleidung, keine Auslandsreisen außer nach Bayern, sie kauften nur einen Videorekorder. Draußen erkannten wir die deutsche Einheit an den neuen Stiefmütterchenbeeten, die von ABM-Kräften angelegt und gut gepflegt wurden. Wir erkannten die deutsche Einheit an neuen Bürgersteigen. Wir erkannten die deutsche Einheit an einer Zeitungskiste, in der jeden Morgen ein Stapel mit *Bild*-Zeitungen lag. Das Zeitungsprinzip basierte auf einem mir völlig unverständlichen Vertrauen darauf, dass, wer sich eine Zeitung herausnimmt, freiwillig Münzen in den an einen Mast angeschraubten

Kasten wirft. Jeder las die *Bild*-Zeitung, aber niemand warf eine Münze in den Kasten. Nach drei Wochen wurden die Zeitungen und der Münzkasten entfernt.

Draußen flogen die Fetzen der *Bild*-Zeitung herum und drinnen lief der neue Videorekorder. Wenn mein Vater vor dem Fernseher saß, auf der einen Seite vom Aquarium, und wir auf der anderen Seite saßen, konnte ich sein Gesicht durch das Aquarium grün und verschwommen sehen. Er guckte auf den Fernsehschirm. Dort liefen selten Nachrichten oder das Abendprogramm, sondern immer alte vergnügliche Filme auf Video: Italowestern, DEFA-Filme, Komödien mit Manfred Krug und Liselotte Pulver. Um die 400 Filme hat er in den nächsten Jahren aufgenommen und seine Kassetten Hunderte Male abgespielt. Den *Tiger von Eschnapur* und *Spiel mir das Lied vom Tod* genauso wie *Das Wirtshaus im Spessart* und alle russischen Märchenfilme. Er hat alle Filme notiert, auf der Schreibmaschine und später am Computer lange Listen der Videokassetten-Datenerfassung erstellt: Name, Genre, Spieldauer, Erscheinungsjahr und Zeit der Aufnahme sowie Kassettennummer und eventuell nötige Bemerkungen (DEFA, Hitchcock, Deneuve).

Ich kann mich nicht an die DDR-Hymne erinnern. Ich erinnere mich stattdessen an die Eröffnung von Disneyland Paris. Es war 1992, und jemand hatte Geburtstag, so dass die erweiterte Familie, einschließlich verschiedener Großtanten und Großonkel, an unserem ausziehbaren Esstisch saß. Das Wohnzimmer war voller Menschen, Stühle, kalter Wurst- und Käseplatten. Meine Oma, Tante, Großtante, Großoma verlangten nach Eierlikör. Sie tranken selten. Wenn sie tranken, dann Eierlikör in einer Waffel, die innen mit dunkler Schokolade überzogen war. Als Kinder waren wir sehr scharf auf diese Waffeln und aßen die Reste auf. Die, an denen dann noch etwas Eierlikör klebte. Wir saßen unter dem Tisch und fühlten langsam etwas Dösiges im Kopf. An diesem Abend schauten wir alle nach Disneyland. Es gab ein großes Feuerwerk und das Dornröschenschloss wurde angestrahlt. Es ist das Traumbild meiner Kindheit. Viele Jahre dachte ich, das wäre der Mauerfall gewesen. Es waren ja auch damals Feuerwerke gezündet worden, sagten die anderen.

Das Einzige, was ich mit Sicherheit sagen kann, ist, dass die Zeit nach dem Fall der Mauer eine Erfahrung der Trauer und des Schweigens war.

Für mich ist die DDR so weit weg wie das Inkareich Tawantinsuyu. Wobei ich darüber noch etwas mehr weiß, dank einer völlig gegenwartsfremden ostdeutschen Dorfschule, wo bis zu meinem Abitur 2003 niemals etwas über die DDR erzählt wurde. An eines erinnere ich mich allerdings schon. Es war im Geschichtsunterricht. Nationalsozialismus.

Lehrer: »Es wäre eine Möglichkeit gewesen, 1933 nicht Hitler an die Macht kommen zu lassen, sondern die Kommunisten. Stalin war immer noch besser als Hitler.«

Ansonsten wurde um das Thema herumgetänzelt wie um einen Maibaum. Einmal fragte ein Mitschüler nach dem Unterricht die Deutschlehrerin, wie sich das im Osten damals mit den Lehrern verhalten habe. Ihre Antwort: »Das geht dich, glaube ich, nichts an.« Möglich. Wir haben also nicht den blassesten Schimmer einer Ahnung. Erich Honecker ist für mich eher eine Karikatur. Mielke kenne ich nur dem Namen nach, weil sich mit ihm auch ein Witz bezüglich diverser Haushaltsgeräte verbindet. Und was eine Grilletta ist, habe ich auch schon wieder vergessen. Es würde sich also lohnen, mit mir ein DDR-Quiz zu spielen. Ich habe keine Ahnung. Aber ich hätte gern ein paar Antworten:

Warum ist man in die Partei eingetreten? Ist einem die Unterschrift heute peinlich? War die DDR ein Unrechtsstaat oder nicht? Wie hat das den Alltag beeinflusst? Was hat das für den Alltag bedeutet? Galt die Stasi als gefährlich, oder waren das für euch eher, banal gesagt, Pappnasen? Inwiefern gab es einen stärkeren Zusammenhalt unter den Menschen? Was ist für euch der größte Unterschied nach dem Mauerfall gewesen? Was ist die radikalste Veränderung für euch? Was hat euch Freiheit bedeutet? Und deren Einschränkung? In Westdeutschland gab es verschiedene Perioden: die Zeit der RAF, die Kohl-Ära. Gab es bestimmte Phasen auch in der DDR?

Ich gehöre zu einer Generation, die in den Achtzigerjahren geboren wurde und 1989 zu jung war, die neuen Freiheiten zu nutzen, um sofort das Land zu verlassen, um in Paris oder Bologna oder irgendwo anders zu studieren oder zu arbeiten. Der Fall der Mauer war für uns schon Teil einer unbekannten Vergangenheit. Eine Erinnerung von anderen. Die DDR ist eine Erinnerung von anderen und so weit ich zurückdenken kann, haben uns Eltern und Lehrer und auch der Mann von der Fahrschule und sogar der Bäcker, alle haben von dieser DDR gesprochen, von einer besseren DDR, von einer, wie sie hätte sein können, wie sie aber bestimmt nicht war. Aber weil im Fernsehen keiner behauptet, die DDR sei ein besseres Land gewesen, misstrauen wir sogar diesen, unseren Eltern.

Und trotzdem werden wir, wo es geht, zur DDR befragt. Während wir hier die Fremden und Unwissenden sind, werden wir erst zu Ostdeutschen, sobald wir Ostdeutschland verlassen. David zum Beispiel. David ist 1985 geboren. Er hat seine Freundin vor zwei Jahren geheiratet. Sie haben sich beim Standesamt angemeldet. Er hat an einem Samstagmorgen einen Strauß Rosen gekauft, und dann haben sie sich trauen lassen. Ein paar Tage später muss sich seine Schwiegermutter einen Cognac genehmigen, als sie davon erfährt.

Jedenfalls: David unterbricht sein Politikstudium, um in Köln ein Praktikum einzuschieben. Dort erzählt er, dass er verheiratet ist. Sein Chef: »Das hat man so gemacht in der DDR, nicht wahr?« Es kommt vor, dass wir in Diskussionen noch angesprochen werden mit: »Ihr Ostdeutschen denkt immer …« Das ist das letzte Schweigeargument, Kalter-Krieg-Rhetorik. Irgendwie niedlich, aber doch auch extrem langweilig.

Es hat aber nichts mit der DDR zu tun. Im Gegenteil. Ich war eigentlich noch nie auf einer Hochzeit. Wer heiratet denn noch? Und David hat von der DDR genauso viel gesehen wie ich: nämlich nichts. Wann immer wir einen Rat bekommen, lautet dieser: Heirate reich, aber bloß nicht jetzt. Wir werden als Generation behandelt, die einerseits nichts weiß und andererseits immer mit etwas in Verbindung gebracht wird, das es seit 20 Jahren nicht mehr gibt. 20 Jahre!

Vor kurzem saß ich im Zug neben einem Mann aus dem Iran. Er fragte mich, woher ich käme. Ich sagte: »Aus Weimar.« Er: »Dann bist du aus der DDR!« Ich fand das sehr witzig, dass auf der ganzen Welt die DDR noch existiert in den Köpfen, nur in Ostdeutschland, da gibt es die DDR nicht mehr.

Ich teile mit vielen jungen Ostdeutschen, die heute zwischen 24 und 29 Jahre alt sind, die Erziehung durch melancholische, ja depressive, eingeknickte, krumme, enttäuschte, beschämte, schweigende Eltern und Lehrer. Die Hälfte des

Personals in unserem Leben musste ständig in Kuren oder in psychologische Betreuung. Unsere Klassenlehrerin Frau Ostermann zum Beispiel. Ich weiß, wie sie Christa Wolf vor der Tafel verteidigte, wie sie auf die Frage, ob sie den Film *Good bye, Lenin!* schon gesehen habe, ausdruckslos erwiderte: »Ich weiß noch nicht genau, ob ich den Film sehen möchte.« Es klangen da so viel Unsicherheit und Angst mit, dass keiner mehr nachfragen wollte, weshalb sie sich den Film nicht anschauen wolle. Sie ging dann für einige Wochen in die Tagesklinik der Psychiatrie in Weimar. Die ist Teil eines ziemlich neuen, Ende der Neunzigerjahre gebauten Krankenhauses. Ein riesiger Klops aus grauer Wand. Die Psychiatrie erkennt man an den gelben Wänden. Nur hier sind sie gelb gestrichen. Die Ärzte sagen, dass Gelb beruhigend auf die Menschen wirkt. Ihr Mann hatte die Familie verlassen und ihr Sohn Christian hatte es zu einem Neonazi gebracht, mit Springerstiefeln und gegelten Haaren. Fast jeder kannte die gelben Wände der Psychiatrie, weil jeder von einem Nachbarn oder einer Tante erzählen konnte, der oder die einmal eingewiesen worden war. Viele hatten selbstbemalte Seidentücher. Ein untrügliches Zeichen für einen längeren Aufenthalt. Seidentücher und Tontöpfe bemalte man bis Ende der Neunzigerjahre in Weimar ausschließlich in dieser psychiatrischen Tagesklinik. Erst später gab es auch außerhalb Bastelkurse und Filzkurse und Seidentüchermalkurse oder Zeichenstudienkurse oder Kunstkurse im Allgemeinen. Zum Beispiel in einer kleinen Kunstschule in der Stadtmitte, nicht weit vom Goethehaus entfernt, in einer sehr schmalen Gasse, in der man, wenn man die Arme ausbreitete, links und rechts gleichzeitig die Häuserwände berühren konnte. Dort, versprach die Schule, könne jeder, aber auch wirklich jeder das Handwerk der Kunst erlernen. Ich habe die Kursteilnehmer nur einmal gesehen, weil ich als Aktmodell arbeitete. Ich war 14. Keine der Lehrerinnen hatte ein Problem damit. Es gab 50 Mark für eine Stunde. Es war ein klarer, kühler Abend, als mich mein Vater zu meinem ersten Nebenjob als Aktmodell fuhr. Er stellte nur eine Frage: »Wieso?«

»Na, weil ich Geld brauche.«

»Du solltest dir einen reichen Mann suchen. Oder eine reiche Frau. Egal. Vielleicht mehrere.«

»Okay.«

Ich musste lachen. An diesem Abend bildete sich ein Kreis von Menschen um mich herum, junge, alte, Frauen, Männer, auch zwei schätzungsweise 13-Jährige. In der Mitte lag ich ziemlich nackt. Ich kann mich kaum noch daran erinnern. Ich schwitzte sofort heftig. Es waren sicher 30 Grad in dem Raum. Es war schrecklich. Auch die Zeichnungen der Teilnehmer, ein fettes, mit Kohle flüchtig hingeworfenes Walross. Draußen war es dann sehr kalt, und weinend wartete ich auf jemanden, der mich abholen würde. Das Geld war mir scheißegal. Ich machte das nicht wieder, worauf mein Vater sagte: »Gut so. Such dir jemanden.« Ich hätte doch halbwegs Glück mit den Genen, sagte er, da müsste ich nichts weiter tun, als die Hand aufzuhalten, um vom Leben beschenkt zu werden.

Meine Eltern habe ich als extrem tolerant in Erinnerung. Jedenfalls, wenn es um Regeln ging, die sie nicht selbst aufgestellt hatten. Seitdem ostdeutschen Eltern unterstellt wurde, sie schadeten ihren Kindern, weil diese im Kindergarten mit anderen zusammen aufs Klo gingen und dadurch – so eine tatsächlich diskutierte Fernsehthese eines Professors oder so – aus unschuldigen Kindern aggressive Neonazis wurden, seit diesen Fata-Morgana-Theorien haben sich meine Eltern wohl entschieden, grundsätzlich das Gegenteil von dem zu tun, was gerade offiziell befohlen wurde. Sie machten ihre eigenen Gesetze. Gesetze ohne Ideologie.

Meine Mutter schenkte mir zu meinem siebten Geburtstag einen Fußball. Zu meinem 13 Geburtstag eine Technokassette. Ausgehen durfte ich, seit ich 14 war, so lange ich wollte. Ich hatte das Gefühl, nicht nur die Währung hatte sich geändert, die Jobs, die Steuern, die Zukunft und die Vergangenheit müssten nun ganz anders betrachtet werden. Mir kam es eben auch so vor, als habe man die Vorstellung von Kindererziehung komplett über den Haufen geworfen. Ich glaube, bei uns gab es fast keine Regeln. Jedenfalls später nicht. Es gab nur Unsicherheit und Schuld.

Die Einheit war für uns lange ein Raubzug, ein Kahlschlag, eine Zerstörung, eine Brandrodung. Um zu dieser Überzeugung zu gelangen, mussten wir nur heranwachsen und uns umschauen.

Als 1990 die ersten Wahlen stattfanden, gingen meine Eltern wie immer früh aus der Wohnung. Bis heute werden Wahlgänge noch sehr zeitig erledigt, das wäre der Untergang einer Demokratie, sagt meine Mutter, wenn man erst schönes Wetter abwarten würde, um zur Wahl zu gehen. In der nahen Grundschule, dort, wo die ersten freien Wahlen in unserer Siedlung stattfanden, wurden auch die ersten Wahlkabinen aufgebaut. Meine Eltern standen mit den anderen Leuten aus unserer Plattenbausiedlung etwas ratlos herum. Die Wahlleiterin winkte sie heran. »Da müsst ihr rein.«

Mein Vater kam mit seinem sauberen Wahlzettel wieder heraus und sagte der verwirrten Wahlleiterin, dass er sich nicht imstande sehe, in eines der vorgedruckten Kästchen ein Kreuz zu zeichnen. Er verstehe das nicht. Und: Wer solle hier wen wählen? Er habe sich für das hier nicht entschieden, die Einheit auf keiner Demo verlangt, nie hinter der Hand derlei gefordert. Nein. Im Gegenteil. Von ihm aus könne das gern wieder rückgängig gemacht werden.

Die Wahlleiterin verzog ihren Mund zu einem sanften Lächeln und sagte: »Das macht nichts, ich hab schon gesehen, dass hier sowieso alle CDU wählen.« Da müsse er nicht auch noch ein Kreuz machen. Die Leute hatten ihr den Zettel in die Hand gedrückt, statt ihn in die Urne zu werfen. Mein Vater ging nie wieder wählen und verweigert bis heute jede Teilnahme am öffentlichen Leben.

Vor kurzem habe ich ihn besucht. Er schaute sich gerade eine Dokumentation an. Sie hieß *Heiraten in der DDR*. Er schaltete nach einigen Minuten den Fernseher aus und bemerkte, dass er zwar ständig eine DDR im Fernsehen sehe, aber bei ihm eigentlich alles ganz anders gewesen sei. Und dass jetzt neuerdings das Heiraten schon so interessant sei. Und wann man eine Dokumentation über den Stuhlgang von Ostdeutschen machen werde. Er sagte auch, dass er sich schon wie ein exotisches Tier im Zoo fühle. Ich wartete versessen auf ein paar Informationen über das exotische Wesen vor mir, aber da musste plötzlich etwas im Garten erledigt werden (im November!).

Ich fragte meine Mutter: »Was habt ihr denn früher so gemacht, in der DDR?«

»Du solltest dir mal deinen Pullover anschauen. Da kann jeder sehen, was es zum Mittagessen gab.«

»Mama, es wäre nett, wenn wir hier nicht über meine schmutzige Wäsche sprechen würden. Das ist peinlich.«

»Ach so, dir ist es peinlich, aber ich im Arbeitsamt und Papa hinterm Aquarium, das so aufzuschreiben und herumzuerzählen, das ist nicht peinlich, das ist nicht privat?«

»Möglich.«

»Es ist so. – Wo wir gerade dabei sind, du hast ja mal den Spaten durch den Garten gefeuert wie einen Speer, und dann war er verbogen, und den mussten wir wegschmeißen, und das hast du nicht einmal zugegeben.«

»Ich war es nicht.«

»Natürlich bist du es gewesen, wer denn sonst? Der Maulwurf kriegt das noch nicht hin.«

»Okay, ja, na und, nur ein Spaten.«

»Du hast die Zahnbürste gegen die Ofentür gepresst, damit sie schmilzt und du eine neue bekommst.«

»Ich finde, es reicht!«

»Du bist mit sechs Jahren runter zum Kiosk marschiert, allein, und Birgit kommt allein nach Hause und sagt, du willst jetzt Schokolade kaufen. Ohne Geld?«

»Diese Verräterin.«

»Weißt du eigentlich, was für kranke Träume du hattest und wie du ein Jahr lang einfach nichts gesagt hast? Da wirst du als Mutter meschugge. Mit dir hatte man es nicht leicht.«

»Aha.«

»Und immer ganz oben auf dem Ross.«

Die Vergangenheit ist kein fremdes, exotisches Land. Sie ist wie eine verscharrte Leiche, die nur als Zombie in Form von Talkshows oder Quizshows zu uns zurückkehrt und die wir nicht verstehen. Die Geschichten in – sicher sehr gut recherchierten – Fernsehdokumentationen decken sich nicht mit dem, was wir in den Gesichtern unserer Eltern sehen, aber nicht entschlüsseln können. Wir vermuten nur. Wir wissen nicht, wer unsere Eltern sind, wir wissen nicht, aus welchem Land sie kommen, wir wissen manchmal nicht, was wir ihnen zum Geburtstag schenken sollen. Denn das teure Zeug lehnen sie natürlich ab. Sie kaufen günstig in günstigen Supermärkten, meist Familienpackungen mit 20 Prozent mehr Inhalt oder 20 Prozent Rabatt auf den Preis. Wenn wir über unser Studium reden, erklären wir ihnen das Studiensystem. Dann schütteln sie den Kopf, als lebten wir auf einem sehr bunten, fernen Planeten. Das kann natürlich sein.

Ich habe eine letzte, aber sehr lebhafte Erinnerung: als meine Familie viel später den ersten und einzigen richtigen Auslandsurlaub unternahm. Aber davon später.

Ich spüre oft eine übriggebliebene Weltfremdheit, eine Unsicherheit, einen Unwillen am Improvisieren, Angst vor dem Fremden, die völlige Unkenntnis der Regeln der Kommunikation, die vollkommene Verzweiflung an der Umwelt. Es ist geradezu befremdlich, wenn man sich seine ostdeutschen Eltern anschaut. Und dann empfindet man doch immer Mitleid. Weil wir uns selbst als Kinder des Kapitalismus schuldig fühlen und glauben, ihnen wurde etwas genommen und dass sie wahrscheinlich an einem Trauma leiden. Vermutlich ist das der Grund, weshalb viele junge Ostdeutsche die DDR verteidigen. Gehen Sie bitte einmal nach Halle, Leipzig, Eisenach, Brandenburg. Vielleicht nicht gerade in das bürgerliche Milieu, fragen Sie nicht den Zahnarzt oder den Rechtsanwalt, halten Sie sich an den Stadtrand, an die Trabanten, die das Stadtzentrum umkreisen. Oder noch besser: Werfen Sie einen Blick in die Dörfer. Fragen Sie mal junge Ostdeutsche, was sie von der DDR halten. Sie werden Ihnen dies sagen: »Es war nicht alles schlecht damals, schätze ich.« Dieses »schätze ich«, »glaube ich« oder »denke ich« bezieht sich dabei auf die Erkenntnis, nicht selbst am Ort gewesen zu sein. Nicht einmal diese Grundhaltung wird aber dazu führen, dass sie wenigstens gegen das »neue« System, den Kapitalismus, mit all seinen Drohungen und Zwängen, aufbegehren – das nur nebenbei bemerkt. Aber für unsere Eltern sind wir dennoch der moralische Vorwurf. Mit jeder Frage, die wir ihnen stellen, drücken wir unser ganzes Unverständnis für ihre Vergangenheit aus.

Aber noch bleibt die Vergangenheit sicher begraben. Sie wurde gut wegretuschiert und übermalt, restauriert. Wer heute durch ostdeutsche Städte spaziert, den muss es befremden, wie hübsch sauber und bunt doch dieses Ostdeutschland ist. Grau? Welches Grau? Die Häuser sind doch pastellrosa – ohnehin eine schlimme Farbe, die nur wenigen, vor allem aber keinem Haus steht – oder pastellgrün. Auf vergoldete Renaissancetürmchen fällt nur der Schatten der Kastanien, die Häuser gewöhnen sich an Pfennigfuchser, Wochenendshopping, Tequila Sunrise. Selbst aus den Plattenbausiedlungen sind die Graustufen herausgesogen. Das Schweigen unserer Eltern findet also auch im Stadtbild einen Komplizen. Ich schaue die orangefarbene Plastikteekanne auf unserem runden Esstisch an. Ich sehe die Farben der DDR, die diese Hoffnung ausdrücken, den Glauben an eine bessere Zukunft. Ich bin Teil einer Generation, die jede Utopie verloren hat, und ich schaue mit einem sentimentalen Blick auf eine Zeit, die immerhin eine Idee hatte: die Idee vom besseren Menschen.

Ich möchte keinen Sitzkreis mit Ostdeutschen abhalten, erstens. Keinen Parteitag der Gefühle und Erinnerungen. Und zweitens: Die Freude über dieses Deutschland wächst nicht, wenn man uns mit vielen euphorischen Bildern aus dem Fernsehen dazu nötigt. Sie decken sich nicht mit der Realität. Diese Bilder sind nur der Ersatz für die fehlende Erinnerung, für eine fehlende Sprache. Sie sind Trugbilder, ein Schein, die Halluzination eines Happy End. Sie sind die unangemessene, falsche Fährte. Denn für die DDR haben wir noch keine Sprache, keine Begriffe gefunden.

Ich werde oft gefragt, ob sich diese Generation mit der 68er-Jugend vergleichen lasse, die ihrerseits von den Eltern forderte, mit der Nazivergangenheit aufzuräumen. Ob wir ähnliche Forderungen formulieren könnten oder sollten, werde ich gefragt, ob das Schweigen über die DDR vergleichbar sei mit dem Schweigen über die Nazivergangenheit. Nichts läge weiter auseinander als diese beiden Beispiele aus der deutschen Geschichte. Es ist vielmehr ein vulgärer Gedanke. Nicht nur für Ostdeutsche. Auch für das unendliche Leid der im Nationalsozialismus verfolgten Juden, Kommunisten, Kritiker oder der zum Tod verurteilten Schwachen. Kein Ostdeutscher hat überdies seinen Nachbarn per Denunziation in den Tod geschickt. Der Staat ist in der DDR kein Verführer gewesen, der die Massen blendete, und kein Ostdeutscher behauptet im Nachhinein, er sei geblendet worden von einer dämonischen Ideologie. Man macht es sich zu einfach. Das Dritte Reich ist kein System gewesen. Es dauerte 12 Jahre. Die DDR 40. Einer der Hauptunterschiede ist auch: Das Dritte Reich war schrecklich, dem normalen Durchschnittsdeutschen ging es jedoch sehr gut. In der DDR haben alle unter dem gleichen Mangel gelitten. Das Dritte Reich ist eine improvisierte Herrschaft des banal Schrecklichen.

Eine Parallele zum Dritten Reich gibt es: und zwar, wie man mit der Geschichte im Nachhinein umgeht. Wie in Ostdeutschland mit der Stasi umgegangen wird, das hat große Ähnlichkeiten mit den Reaktionären in der BRD der Fünfziger- und Sechzigerjahre. Wahrheit und Verbrechen werden verschwiegen, klein gemacht, ihre Verfolgung bestraft.

Das heißt: Wir stellen keine Schuldfrage. Das Phänomen aber, in einer Diktatur zu leben und sich offenbar darin wohl zu fühlen und dabei auch das Leid von Gegnern oder Kritikern so weit auszublenden – das möchte ich nicht nur aus einem Geschichtsbuch erfahren.

Und wenn wir auch keine Schuldfrage stellen, dürfte uns mit den 68ern immerhin eines verbinden: Die Lebensrealität der Eltern ist eine ganz andere, weil sich die Gesellschaft ruckartig verändert, ein System das andere abgelöst hat. Und das Schweigen darüber ist dann vor allem eine hohe und dicke Mauer, die uns von unseren Eltern trennt.

4. Drogen

Wenn die Schulsekretärin sich mit »Viel Spaß« verabschiedet, bevor sie die Tür zumacht, ist das immer ironisch gemeint. Nachmittags um vier sitzen wir in einem Raum, gehen zum Fenster, öffnen es und machen es wieder zu, laufen hin und her. Ich lehne meinen Kopf an die Scheibe, an der eine vergilbte Spitzengardine klebt. Sie klebt da, seit ich diesen Raum kenne, seit vielen Jahren. So riecht sie auch. Die Fensterscheibe ist kalt, und ich müsste mir mal die Nägel schneiden. Es ist der Raum für Schüler, die nachsitzen müssen oder richtig was falsch gemacht haben und jetzt auf die Polizei warten. Wie wir.

David sagt: »Wir müssen was tun, was legaler ist.«

Ich kann nicht denken, weil mich der Joint völlig umgehauen hat und wir deshalb ja hier sitzen, weil ich im Englischunterricht gar nichts mehr verstanden habe. Nicht mal: »Andrea, how are you?« Woraufhin ich nur gesagt habe: »No, not now.« Und über das Buch, das ich an einer beliebigen Stelle geöffnet hatte, so dass es wenigstens so aussah, als würde ich wissen, was es in einer normalen Unterrichtsstunde zu tun gab, also hinsetzen, Buch auspacken, Buch aufklappen, irgendwas unterstreichen, Krikelkrakel an der Seite machen, irgendwas machen, um den Kopf nicht zu heben, was alles nicht lange klappte, weil mir auf die Frage »How are you?« sehr schlecht wurde und ich es beim Hinausgehen nur bis zum Mülleimer schaffte, was mehrere Mülleimer waren, weil die Schule umweltfreundlich sein wollte, an einem Beste-Umwelt-Schule-Wettbewerb teilnahm und den Müll seit einigen Monaten trennte. Ich zögerte kurz, ob ich jetzt in den grünen (Kompost) oder in den weißen (Restmüll) Mülleimer kotzen sollte oder mir nur Mühe geben sollte, nicht auf das Linoleum zu kotzen, denn das war dann schwerer zu reinigen. Ich übergab mich also ungeschickt in den Wertstoffmülleimer (gelb), und Frau Rennethal schickte mich sofort ins Sekretariat. Dort traf ich David, bei dem es ähnlich gelaufen sein musste. Er sah sehr blass aus, und Schweiß stand ihm auf der Stirn. Wir hatten in der großen Pause Gras geraucht, neues Gras, wohl sehr gutes Gras, das einer aus der Oberstufe mitgebracht hatte, denn er hatte zu Hause im Garten eine riesige Pflanze herangezüchtet, die jetzt Blüten trieb, die musste man wohl ernten, und mit dieser Ernte lief er dann in der Schule herum und verteilte sie zu wirklich fairen Preisen. Auf jeden Fall rauchte ich zu viel davon, weil ich den Joint rollen sollte, was ich nicht konnte, weshalb so eine Art Rakete herauskam, dick und schwer, nur mit Marihuana gefüllt.

Während wir in der Bibliothek warten, in der ein Regal steht mit etwa zwölf Büchern, kauen wir an den Fingernägeln. Der Raum ist fast leer. Außer dem Regal ein grauer Tisch, der an den Seiten angeknabbert ist, so dass das Sperrholz herausquillt, drei Stühle, mit rotem Frotteebezug beklebt, und ein Sofa mit dem gleichen roten Frotteebezug. An den Fenstern hängen vergilbte Spitzengardinen. Es stinkt, als hätte man seit 1985 das Fenster nicht geöffnet. David blättert in den Büchern, die alle ziemlich alt aussehen. Ich nehme ein Sozialkundebuch aus dem Regal, grau wie ein Grabstein, von 1989, printed in Germany. Ich schätze, damit ist nicht die DDR gemeint. »Die klassenlose Gesellschaft bei Karl Marx (1818–1883)« ist mit »Exkurs« überschrieben. Machiavelli und Rousseau sind rot unterstrichen. »Das muss man sich mal reintun«, sagt David, der in den letzten Monaten nicht nur das richtige Jointbauen erlernt, sondern sich auch zur Frankfurter Schule einiges angelesen hat, woraufhin die Eltern Sorge hatten, er sei einer Sekte beigetreten. Frankfurter Schule und Zeugen Jehovas – fremd, also gefährlich, dachten wir dann auch, und das hatte immerhin den Vorteil, dass wir schließlich an gar keine Götter glaubten, weil keiner ganz sauber schien, nicht einmal Adorno. »Das muss man sich mal reintun«, sagt David also und blättert, »dass unsere Eltern wahrscheinlich nichts von Aristoteles und Locke gewusst haben.«

»Klar haben sie davon gewusst. Die sind ja nicht blöd.«

»*Vom Schutz freier Individuen durch den Staat*. Locke. Was sagt man im Sozialismus dazu?«

»Wahrscheinlich das Gleiche.«

»Schade eigentlich, dass man gar nicht weiß, was Marx eigentlich wollte. Scheint aber auch auf kein Happy End hinauszulaufen.«

Dann stecken wir uns jeder zwei Bücher ein, als wir von draußen den rasselnden Schlüssel der Schulsekretärin hören, und setzen uns schnell möglichst weit voneinander entfernt auf das Sofa. »Mitkommen«, sagt sie und man kann riechen, dass sie in der Zwischenzeit ordentlich getankt hat. »So was gab's bei uns früher nicht. Braucht ihr gar nicht zu grinsen. So lang ist das auch noch nicht her.« Wenn sie sich aufregt wie jetzt, wackelt ihr blonder Haarturm. Ihre Frisur ist jeden

Tag so gebaut, dass man Angst haben muss, dass sie ihr gleich vom Kopf fällt. Ganz weiß gepudert könnte man sie locker ins 18. Jahrhundert zurückschicken.

Vor ein paar Jahren hat sie endlich ihren Trabi verschrotten lassen und sich einen weißen, eckigen Golf gekauft. Ich erinnere mich, wie ich in einer Geschichtsstunde, in der es gerade um die Befreiungskriege ging und Stubendorff vor der Tafel gerade »Napoleon ist sogar bis nach Thüringen gekommen« schrie, worauf jemand fragte, ob Waterloo auch in Thüringen liege, worauf Stubendorff mit der Faust in die Luft schlug und sein Kopf ganz rot dabei wurde, so rot, wie er nur wurde, wenn er über die Oktoberrevolution sprach, die wir jedes Jahr durchnahmen – in solchen Geschichtsstunden jedenfalls gucken die meisten auf den großen Kiesparkplatz vor der Schule und beobachten die parkenden Autos. Weil ich so lange auf die Autos starrte, hielt ich es erst für eine Halluzination, aber der weiße Golf rollte ganz langsam, ohne dass jemand am Steuer gesessen hätte, rückwärts aus seiner Parklücke raus und über den Kies Richtung Hauptstraße. Ich tippte meine Tischnachbarin an, sie tippte ihre Nachbarin an, sie den nächsten, und dann beobachteten wir, wie das Auto ganz allmählich rückwärts auf die Hauptstraße rollte und fast einen Grundschüler überfahren hätte, auf die Hauptstraße drauf, Hupen, Verkehr von links und rechts, weiter über den Bordstein auf die andere Seite, in einen niedrigen Holzzaun und schließlich in einen Forsythienbusch hinein, an dem noch ein paar bunte Ostereier hingen. Dann konnte man die Schulsekretärin sehen, wie sie die Treppe zum Haupteingang hinunterfederte und verwirrt in der leeren Parklücke stehenblieb, sich dann umdrehte, suchte und zu ihrem Auto rannte. Das wiederholte sich noch ein paarmal, und wir haben immer sehr darüber gelacht. Aber irgendwann ist auch ein Witz vorbei. Wenn er zu oft wiederholt wird, dann wird es traurig, dann ist das unheimlich.

»In der DDR gab es keine Drogen«, sagt jetzt der Polizist etwas zu laut, lehnt sich zurück, klatscht seine Hände auf den Tisch, als wäre der Tisch einmal die DDR gewesen. »Und höchstens drei Heroinabhängige, die ihr Zeug über den Ostblock bezogen.« Stille. Meine Mutter würde gleich vorbeikommen und mich abholen und von der ganzen Geschichte schon alles wissen, weil der Polizist ja schon alles am Telefon gesagt hat, was es zu sagen gibt. Dann verlässt er den Raum, ich höre von draußen vom Flur, wie er mit jemandem spricht, der nur flüstert. Das klingt irgendwie amüsiert, ziemlich locker jedenfalls, dann gluckst die große Kaffeemaschine, und der zweite Polizist, der bis dahin bewegungslos neben der Tür gestanden hat, gießt Kaffee in zwei Tassen. »Kaffee fertig«, ruft er durch die Tür. Das Gespräch im Gang wird beendet.

»So.« Der Polizist hustet. »Und weil es drei Heroinjunkies in der DDR gab, von denen einer auch ganz fix den Löffel …« Er lacht grundlos. »Jürgen!« Er dreht sich um, ruft durch die Yuccapalme zu seinem stillen Kollegen, der neben der Tür auf einem Stuhl sitzt und immer noch wartet: »Was passiert, wenn ein Heroinsüchtiger seinen Löffel abgibt?« Ich habe das Gefühl, ich müsse mich noch einmal übergeben. Er dreht sich wieder zu mir, zieht Schleim die Nase hoch: »Also, noch mal. Pass auf, nur weil ihr Kinder denkt, wir alten ausm Osten hätten keine Ahnung. Ich habe Ahnung und weiß, dass das, was du da heute geraucht hast, keine Zigarette war.« Ich sehe in sein faltiges Gesicht und sehe, dass es sinnlos ist, ihm etwas zu erklären. Ich gucke ihn an und denke, dass ihm die ganze Sache sowieso egal ist, ihm wahrscheinlich gerade eingefallen ist, dass es größere Probleme gibt als Marihuana in der Schule, dass er nicht vergessen darf, auf dem Weg nach Hause beim Fleischer vorbeizufahren. Aber irgendjemand muss es ja tun. Die Welt in Ordnung bringen. Im Gleichgewicht halten. Verwarnungen aussprechen. Kulanz zeigen. Formulare ausfüllen. Er ist lange still, er schreibt irgendwas in ein Formular hinein, guckt mich an, als würde er sich wundern, dass ich noch da sitze, und klappt die Mappe mit den Formularen zu.

Bevor ich fragen kann, ob ich ins Gefängnis muss, lässt man meine Mutter rein. Handschlag mit dem Polizisten, ein Wie-geht's-denn-so-Gespräch über die Kinder und die neue Garage. Er sagt, dass der Staat überall hineinfunke und zu viel Staat schlecht sei und dass es allen eigentlich ganz gut gehe. Dann sagt meine Mutter, dass von ihr aus seine Garage ruhig ein Stück höher sein darf als die erlaubten drei Meter, das werden die Nachbarn sowieso nicht merken, und sie werde ganz bestimmt nicht mit dem Zollstock nachmessen. Die beiden verstehen sich prima. Mir fällt ein, dass meine Mutter wieder einen Job hat, nämlich im Bauamt. »Na, dann woll'n wir mal nicht so streng sein.« Der Polizist nickt mir zu und lächelt und muss davon dann husten. Meine Mutter sagt, dass wir jetzt mal nach Hause fahren. »Machste nicht noch mal!«, sagt der Polizist. Seine zufriedenen Blicke verfolgen uns, bis wir die Tür hinter uns zumachen. Unterwegs halten wir an unserer Stammfiliale vom Lidl, da wissen wir genau, wo die Marmeladen stehen und wo das Klopapier, es hat etwas sehr Friedliches, jetzt erst einmal in unserem Lidl einzukaufen für das Wochenende. Dann fragt sie mich, was ich eigentlich genommen hätte heute in der Schule und ob ich total bescheuert sei. Das sagt sie so freundlich, dass ich ihr zustimme und verspreche, nur noch in absolut angemessenen Momenten Gras zu rauchen. Und als ich »Gras, also Marihuana« antworte, ist das Gespräch auch schon beendet. Sie hat auch später niemals danach gefragt, und ich bin ihr dafür sehr dankbar.

Stattdessen kaufte sie drei Bücher: eines, das die Hauptdrogen wie Ecstasy, LSD, Heroin, Marihuana und Kokain mit vielen Bildern und knappen Zusammenfassungen erklärte, ein textlastigeres Sachbuch eines Arztes und *Wir Kinder vom Bahnhof Zoo*. Das bekam ich zu Weihnachten. Meine Mutter widmete sich dem Thema mit einer fast schon wissenschaftlichen Genauigkeit. Wochenlang waren die Drogenbücher ihre Bettlektüre, während mein Vater mit Wertpapier-Ratgebern ins Bett ging und später Aktien kaufte. Als ich ihn fragte, warum er das liest, wo er doch nicht einmal wählen geht, sagte er: »Man muss das System kennen, wenn man es ausnutzen will.« Das Wirtschaftssystem erschloss sich meinem Vater genau und umfassend, indem er alles darüber las.

Wann immer ihnen etwas Rätsel aufgab, bearbeiteten sie es ganz wissenschaftlich, ganz genau. Ich habe das erst nicht verstanden.

Aber jetzt muss man sich daran gewöhnen, dass ihr Land eine Erfindung war, vom Namen dieses Landes angefangen bis zu den Wahlergebnissen. Und ihre klugscheißenden Kinder fragen auch noch, wie sie an den Unsinn nur glauben konnten. Und halten Eltern, Lehrer und Polizisten für die Oberdeppen. Es war die Atmosphäre eines ich nenne es mal umfassenden Autoritätsverfalls.

Als Touristen sie einmal fragten, ob sie wirklich gehungert hätten und ob man Weihnachten gefeiert habe, war das nett gemeint, war aber eigentlich das pure Gegenteil, eine Verweigerung von Anerkennung. Bei der Verweigerung von Anerkennung geht es ja nicht darum, jemanden wütend zu machen, sondern es geht darum, ein Gefühl der Scham auszulösen.

Die Scham zu überwinden hieß, keine Fehler zu machen, über alles genau Bescheid zu wissen, das Bett sauber zu halten und aufzuschütteln, die Koffer korrekt zu packen, nichts zu vergessen, sich nicht zu verfahren, kein Geld an der Börse zu verlieren. Meine Analyse.

Die Schulbibliothek wurde ebenfalls mit drei Exemplaren des, wie ich finde, Drogeneinstiegsratgebers von Christiane F. aufgefüllt. Das Buch war der erste Preis für die Gewinner der Matheolympiade, des Schachwettbewerbs und des Sportfests. Keine Ahnung, warum Eltern und Lehrer Bücher an ihre Kinder verschenken, die sie selbst nicht gelesen haben. *Wir Kinder vom Bahnhof Zoo* jedenfalls war extrem lehrreich für uns und hatte auch Auswirkungen auf unseren Drogenkonsum.

Wenn ich mich mit Freunden unterhalte, deren Eltern in Westdeutschland leben, erzählen sie mir, dass sie schon beim leisesten Hauch des Geruchs von Alkohol Hausarrest bekommen haben. Ich bekam Bücher, als die Polizei wegen eines Joints in die Schule kam.

Es bricht allerdings eine allgemeine Panik unter den Lehrern aus. In der Lokalzeitung heißt es bald »Razzia in Drogenschule«, und unser Direktor beruft eine Sonderkommission zur Bekämpfung illegaler Substanzen an der Schule ein und grüßt uns nicht mehr. Vorträge zum Thema Drogen werden gehalten. Eine Drogenbeauftragte bringt in einem kleinen Aktenkoffer etwas mit, das wohl wie Heroin oder Kokain aussehen soll, um uns zu zeigen, wie der »Tod auf Raten« aussieht. Viele Fragen werden gestellt. Wie man aus dem Pulver eigentlich flüssiges Heroin mache und wie »Drogensüchtige« Kokain klein machten. Die Frau bekommt unsere ungeteilte Aufmerksamkeit. Dann zeigt sie ein Bild mit der Nase eines Kokainsüchtigen. Er hat davon eine sehr unreine Haut bekommen. Ehrlich gesagt lernen wir von keinem Dealer so viel wie von der engagierten Drogenbeauftragten Frau Zöllner. Obwohl Sachsen ein Jahr zuvor, also 1998, drei Drogentote verzeichnete, Thüringen vier, Sachsen-Anhalt zwei, Mecklenburg-Vorpommern ebenfalls zwei und Brandenburg sechs, wobei drei an einer Überdosis starben und drei bei Unfällen im Rausch.

Auf jeden Fall sind die letzten zwei Jahre in der Schule für uns sehr angenehm und leicht. Die Lehrer behandeln uns wie arme, drogensüchtige Verlierer und fragen uns, schon aus Angst, uns würde Schaum vor die Münder treten, im Unterricht nichts mehr, und auch, wenn wir die Einzigen sind, die sich melden, sagt Frau Rennethal oder auch Stubendorff: »Schade, es weiß offensichtlich niemand die Antwort.« Wir stehen praktisch kurz vor dem goldenen Schuss.

Dabei haben die meisten sich mit Bier, Korn und Grüner Wiese, einem Cocktail aus blauem Likör und Orangensaft, abgeschossen, praktisch bei jeder Party ist mindestens einer mit dem Krankenwagen abgeholt worden, wegen einer Alkoholvergiftung. Ohne Alkoholvergiftung war man wie die Eltern ohne Stasiakte, also praktisch ohne Frisur. Und dann kam ein gewisses Ecstasy.

Die *Bravo* brachte eine Aufklärungsgeschichte mit einem Jungen, der Ecstasy nahm, weil er sich für einen Pickel schämte, und zeigte eine Tortengrafik. Ich erinnere mich nur an den kleinsten Anteil in der Pille, die zehn Prozent »Dreck«. Die Epoche der Großraumdiskos, allgemein Disse genannt, begann. Mit HipHop, Soul und ganz kleinem Technokeller. Die Dorfjugend, die sich zu fünft in kleine Corsas quetschte, frequentierte meist den Neue-Deutsche-Welle-Room, wo Hits aus den Achtzigern gespielt wurden, während die zum Fahren Verdammten an der Bar standen und Multivitaminsaft tranken, bis sie so genervt waren, dass sie doch zwei oder drei Bier tankten. Die Kreuze auf den Landstraßen an den alten Kastanien wurden immer mehr, weshalb ein lokaler Politiker behauptete, die Kastanien seien an den Unfällen schuld, und forderte, sie alle abzuholzen.

Es gab im Osten zwei Möglichkeiten, die Pubertät zu überstehen. Entweder man wurde ein Vollidiot, der alles Geld für die Bassrolle im Auto oder bei Pimkie ausgab, oder man wurde ein Vollidiot, den niemand fragte, ob er zu Pimkie oder in eine Großraumdisse mitkommen wolle. Ich gehörte zur zweiten Gruppe der Vollidioten.

Deshalb mussten wir uns mit Gras zufriedenstellen und versuchten, uns auf diese Weise sehr besonders zu fühlen, hörten Janis Joplin und Velvet Underground und haben das toll gefunden, dass man so fertig sein kann und trotzdem die Welt verändern. Und wenn man die Welt nicht verändert, bleibt einem immer noch Janis Joplin.

Gab es denn sonst Helden? Auf dem Dachboden kramte ich nur einmal etwas hervor: eine alte Kunstledertasche meines Vaters und eine graue Fellmütze, auf der vorne ein kleines

Loch im Fell war, da war etwas abgerissen worden. Ich war begeistert von dem Retrolook und setzte die Mütze gleich auf. Mein Sozialkundelehrer Uwe Steiger, der sich in der DDR von Schule zu Schule gehievt hatte, zwischenzeitlich sogar suspendiert worden war, weil er ein Systemkritiker war, hob die Brauen, als hätte ich ein Robbenbabyfell auf dem Kopf. Und als ich in seinem Unterricht auch noch von unterschiedlichen »Klassen« sprach und einer ungerechten Gesellschaft, was ich bei meinem Vater aufgeschnappt hatte, war klar, dass es sich bei mir nur um das Kind einer weitverzweigten Stasidynastie handeln konnte. Er behielt mich nach der Stunde da und fragte mich, ob ich »Sorgen« hätte.

Der Stubendorff, der in Geschichte immer mal wieder von Stalin als großem Staatsmann spricht, aber Napoleon für einen unsachlichen Eroberer hält (ich bewundere Napoleon, er war nie ideologisch, er wollte einfach König sein). Stubendorff macht mit seiner Bewunderung immerhin vor Hitler halt, weil das dann doch ein bisschen zu doll auffallen würde. Er mag alle Diktatoren außer Hitler, so lässt sich das wohl korrekt zusammenfassen, wobei er nie über beispielsweise Honecker oder Ulbricht spricht. Die Namen kenne ich von Familienfeiern und so richtig erst, seit es Internet gibt, weil dort andere Leute drüber Witze machen. Er hat uns auch nie ein Bild gezeigt mit Honecker, dieses Porträt mit dem hellblauen Hintergrund und dem schiefen Lächeln zum Beispiel. Und ich habe oft gedacht, wenn man das einem nicht im Unterricht beibringt, dann ist das so, als hätte es sie nie gegeben – die DDR.

Irgendwann ist das sinnlose Herumgesitze in der Schule vorbei. Und die Freiheit, die sich aus der Abiturkunde ergibt, ist ein so enormer Rauschzustand, dass wir auf der letzten Heimfahrt von der Schule eine wirklich brillante Idee haben. Das heißt, David hat eine Idee, und ich sage: »Gute Idee.«

Wir gehen zum Gewerbeamt. Jeder von uns sitzt auf einem kleinen, harten Stuhl, und wir schaffen es knapp über einen beigen Schreibtisch hinweg einer gemütlich desinteressierten, dicken Frau zu erklären, was jetzt als Nächstes passieren wird.

»Wir würden gern ein Gewerbe anmelden.«

»Haben Sie das Formular ausgefüllt und eine Steuernummer beantragt?«

»Ja«, sage ich und reiche die Blätter über den Tisch.

»Um welches Gewerbe handelt es sich denn?«

»Ich will Pilze verkaufen, die ich aus Holland importiere«, sagt David.

Die Frau hinter dem Schreibtisch guckt über ihre Brille und grinst. Ich weiß nicht, was es da zu grinsen gibt. »Pilze? Hm.« Sie schreibt in das Formular: »Naturkost (Pilze, Beeren etc.).«

»Wir verkaufen Stropharia cubensis und Sclerotica tampanensis.«

»Wie bitte?«

»Pilze halt.«

»Also Gastronomie oder Künstler?«

»Hä?«

»So, so.« Sie knallt einen Stempel unter ihr Formular. »Und das, glauben Sie, wird funktionieren, dass die Leutchen Pilze kaufen, wo es die doch auch im Rewe gibt und im Wald?«

»Natürlich, würden wir sonst ein Gewerbe anmelden?«

»Und warum wollen Sie diese Pilze verkaufen?«

»Weil etwas geschehen muss. Etwas Monumentales. Die Erstürmung von irgendwas. Einer Stadt, einem Land. Drehen Sie die Lautstärke ihres Kofferradios jetzt hoch, dann reden wir: Sie fragen nach Pilzen? Sie werden die Welt retten, die Menschen aufrütteln, eine andere Wirklichkeit zeigen, reicher machen an Erfahrung, uns einen Porsche verschaffen. Wohin meine Augen blicken, sehe ich nichts als Risse in den Betonplatten, erwürgte Katzen, Spaßbäder, unerklärlich viele aufgeschwemmte Matratzen, noch mehr erwürgte Katzen, Handtücher, Leitz-Ordner … Was sollen wir später Außerirdischen sagen, wenn sie uns fragen, wer wir sind? Eine Generation – Name vergessen –, die von nichts eine Ahnung hatte und ohne Schmerzen friedlich an der Lidl-Kasse einschlief? Was ist eine Lidl-Kasse?, werden sie fragen, und wir werden über Lidl-Kassen sprechen. Aber wir haben eine Idee für den Super-GAU, und die Idee verkaufen wir.«

Diesen Absatz habe ich natürlich nicht gesagt, höchstens gedacht oder später gedacht, dass ich es gedacht haben muss, oder im Internet gelesen.

Ich sage: »Weil es einen Markt gibt.«

Die Frau haut einen Stempel auf das Formular, gibt David den Durchschlag, öffnet einen Leitz-Ordner.

David stellt vorsorglich schon zwei Praktikanten ein, und ich trinke eine Cola. Wenn man ganz langsam läuft, braucht man vom Nationaltheater etwa zwei Minuten zum Laden. Er ist ungefähr 16 Quadratmeter groß. Schreibtisch, Kühlschrank, zwei Praktikanten und der Laden ist voll. Ein Glasschreibtisch mit vielen Schubfächern rundet die professionelle Atmosphäre ab. David druckt Informationsmaterial, seitenweise Anleitungen und Hinweise, Tipps und Warnungen, und legt es aus wie Blutspendehinweise in einer Arztpraxis. Tobi und Blume kommen und sprühen ein extrem kitschiges Bild an die Wand.

»Magic mushrooms, Verkauf ab 18 Jahren«, steht draußen auf dem Schild, sonst nichts. Ich besuche David täglich und nicke anerkennend, als er mir den vollen Kühlschrank zeigt. Frische Pilze in einer Spezialatmosphäre. Er hat einen Zettel aus dem Internet ausgedruckt, den er ich nenne sie mal Kunden zeigt. Dort kann jeder nachlesen, dass die Pilze erlaubt sind, weil sie nicht getrocknet sind, also als frische Pilze (weder Pflanzen noch chemische Substanzen, die beide laut Betäubungsmittelgesetz verboten sind) verkauft werden. Der Autor verrät, dass nach EU-Gesetz in einem Land nicht illegal sein kann, was in einem anderen Mitgliedsstaat erlaubt ist. Wenn nach dem Satz jemand komisch guckt, sagt David: »In Holland sind Pilze legal, die haben sogar eine Steuernummer, die kann man in jedem EU-Land versteuern. Marihuana ist in Holland ja nicht legal, sondern nur geduldet, deshalb ist es in anderen EU-Ländern möglich, es zu verbieten.« Es hat so einen Laden sonst noch nicht gegeben. Das kam uns für einen Moment schon komisch vor, aber wen interessierte das schon. Das waren jetzt eben die neuen EU-Gesetze. Wir dachten: »Hat im Osten einfach wieder niemand mitbekommen.«

Dass in Holland nicht Marihuana, sondern Pilze offiziell erlaubt waren, erschien mir aus Sicht des Staates absolut nachvollziehbar. Marihuana macht aus deinem Volk einen Haufen von Faulpelzen und Tagedieben, Pilze machen das erst mal nicht, im schlimmsten Fall bessere Menschen.

Nach der offiziellen Ladeneröffnung spielen wir zwei Tage lang Schach auf einem Marmorschachbrett, für das schon einmal befremdlich viel Geld ausgegeben wurde, weil ja sowieso klar ist, dass wir bald reich sein werden. Dann kommt der erste Kunde zur Tür rein. »Was soll das denn hier werden?« Ewig lang dauert das Beratungsgespräch jetzt, ich geh raus, trinke irgendwo einen Kaffee, und als ich zum Laden zurückgehe, kommen mir drei Leute mit den weißen Plastikdöschen entgegen. In den Laden ist in der Zwischenzeit die halbe Stadt eingefallen. Jeder hat einen Flyer in der Hand und diskutiert mit David. So schnell schon ein großer Erfolg: rasanter Umsatz, neue Bestellung. Rasch hat David eine gewisse Routine entwickelt: feste Öffnungszeiten zwischen 12 und 18 Uhr, Flyer, die in fast allen Cafés der Stadt ausliegen. Anwälte, Uni-Professoren, Verkäuferinnen, die Kellner und Restaurantbetreiber, Studenten und ein paar Künstler kaufen in den nächsten Monaten munter ein, für sich, für Freunde, für ihre Frau, für alle zusammen. Allein der Park an der Ilm müsste in diesen Wochen voll von etwas desorientiert herumirrenden und fasziniert auf Lichtquellen zulaufenden glücklichen Pärchen sein.

Wir prüfen das selbst, kauen die Pilze, die nach Erde und Schimmel schmecken und sofort einen Brechreiz auslösen, den man mit viel Disziplin und Wasser in den Griff bekommt, packen einen Rucksack mit Orangensaft, Valium und Zigaretten und laufen Richtung Park. Die Stadt wirkt wie ausgestorben, und in den kleinen Gassen, wo man vergessen hat, Schilder hinzustellen, ist es nicht schwer, sich in eine ganz andere Zeit hineinzudenken. Eine seltsame Kulisse. In der Schule hat man uns beigebracht, wer vor 200 Jahren in Weimar lebte: Sie wissen schon, die Guten jedenfalls. Ich muss an die Bilder des Fotografen Louis Held denken, der das Gartenhaus von Goethe um 1900 fotografiert hat (ich war, obwohl das Unsinn ist, wirklich überrascht, dass es das Einzige ist, was sich wirklich überhaupt nicht verändert hat) und die in schwarzen Roben wartenden Mitglieder der Nationalversammlung 1919 auf dem Theaterplatz. Als ich neulich den Namen googelte, tauchten leider nur die Bilder auf, auf denen Hakenkreuzfahnen zu Tausenden ganz nah beieinander in den Gassen hängen, so als wolle man die ganze Stadt zudecken. Weimar, total verliebt in seinen Adolf, ruft im Chor: »Lieber Führer, komm heraus aus dem Elefantenhaus.« Hunderte Menschen auf dem Rathausplatz jubeln ihrem Führer zu, der vom Balkon des Hotels Elephant zurückwinkt. Das muss schon wahnsinnig gut organisiert gewesen sein. Und ich fragte mich, warum es den Holocaust eigentlich nicht öfter in der Geschichte gegeben hat. Ist offenbar sehr leicht, ein KZ zu verstecken.

»Wir brauchen uns nicht zu verstecken!«, sagt im Herbst der Bürgermeister, wenn er mit dem original Weimarer Zwiebelkranz die neue Zwiebelkönigin auf ebendem Balkon kürt. Die sieht besser aus als Hitler.

Ich wollte da schon immer mal hineingehen. Es würde ja absolut niemanden interessieren, wenn man vor der Tür jetzt eine Demo machen würde wegen Hitler oder der Zwiebelkönigin oder sonst einem Diktator oder Helmut Kohl. Man würde uns dann wahrscheinlich hereinbitten und an einem runden Tisch mit uns diskutieren und sagen, dass es sehr lobenswert sei, dass wir als junge Leute uns engagieren, und dass es zur Jugend gehöre, auch mal zu rebellieren, dass wir das in einem von der Gesellschaft geschaffenen Rahmen ausleben können und natürlich auch sollen und dass wir, wenn wir Lust hätten, eine Ausstellung zum Thema machen könnten. Ich weiß nicht, was schlimmer ist: in einem Land zu leben, in dem meine Meinung verboten ist, oder in einem Land, in dem eine eigene Meinung total egal ist. Ich habe das Gefühl, die Pilze wirken.

Es dämmert, im Ilmpark hängt nur eine Gruppe Jugendlicher ab, die meisten mit Dreadlocks, zwei Touristen laufen vorbei und fotografieren sie. Alles wie immer. Kein Goa-Gelage. Ich beobachte einen kleinen Yorkshireterrier, wie er knapp vor der weißgestrichenen Gartentür des Superdichters eine Wurst hinsetzt. Genau genommen hat der Hund direkt in ein UNESCO-Weltkulturerbe geschissen. Er kackt ganz nah am Bein einer Frau mit lila Haaren, so dass ich denke, dass sie bestimmt gleich reintritt, was sie dann auch tut, weil sie sich auf das Wühlen in ihrer Handtasche konzentriert hat und nicht gesehen hat, dass ihr Hund genau neben ihre Füße kackt. Sie zieht an der Leine und sagt: »Pfiffi, tse tse tse«, nimmt dann eine Tüte aus ihrer Tasche, und ich denke noch: »Hilfe, ist die ordentlich«, da packt sie den Haufen mit der Tüte an und wirft sie über die Hecke in den Goethe-Garten. Sie sieht, dass wir sie gesehen haben, und läuft weiter.

Wir steigen auf einen orangefarbenen Streukasten und von da über den Zaun in den Garten von Goethe. »Wird ihn wohl nicht mehr stören«, sagt David.

Es ist gar nicht schwer, sich das Museumshafte wegzudenken. Ich habe versucht, mir die Unordnung vorzustellen, die Goethes Gartenhaus erst bewohnbar gemacht haben muss.

Im Garten:
- feuchte Erde
- Gestrüpp aus Blumen
- Efeu

- ein toter Spatz
- wilde Erdbeeren (glaube ich)

Der Boden bebt, oder? Möglich. Wir setzen uns an die Wand des Hauses, unsere Rücken werden vom Putz ganz weiß, wir rauchen und beobachten, wie die Sonne in die Stadt fährt. Ich sehe alle Adern in meiner Hand. Etwas weiter, am Fluss, lehnt ein Mann am Baum. Ganz sicher, ein Mann mit Hut. Mir ist vorher nie aufgefallen, wie sich alles bewegt, Blätter, Gras, am Boden schleppt eine Ameise ihren toten Verwandten, was für ein Drama. Es ist warm, ein Wind geht. Die Blätter rauschen in den Bäumen. Wir reden darüber, die Welt zu retten, und sind uns irgendwann ganz sicher: Runde Dinge sind besser als eckige. Dann Dunkelheit und nirgends eine Laterne, die funktioniert. Es ist einfach nur schwarz. Zigarettenglut. Es ist, als wären wir gar nicht da.

Ein paar Wochen später ist David reich. Die Menschen sind in den Laden eingefallen, als hätte sich schon wieder eine Mauer geöffnet. Der Vater von David kauft eine Packung der Pilze von seinem Sohn. Eine Fahrgemeinschaft mit Klassenkameraden, die uns für Freaks halten, weil wir nicht im Kirmesverein sind, steigt in ihren Opel Corsa und fährt »in die Stadt«, um jetzt, wo jeder so einen Pilz hat, auch einen Pilz zu kaufen. Es ist der erwartete Super-GAU in der Stadt. An der Bushaltestelle höre ich zwei ältere Damen über den Drogenladen sprechen. Wie immer ist von Heroin die Rede. Von Teufelszeug. Sie echauffieren sich, sind entsetzt und verwirrt. Ich bin so stolz, dabei zu sein, dass ich fast heulen muss. Dann kommt ein Polizist in den Laden, schaut sich in Ruhe um, nimmt sich die Informationsblättchen und tippt sich zum Gruß an den Kopf, als er geht. Ein paar Tage später kommen zwei Polizisten, sagen »Gutten Tach«, nehmen sich das Gleiche und gehen. Dann ist es lange so, als säße man direkt auf einer Goldader. Das ist er also, der wunderbare Kapitalismus.

Aus der Untersuchungshaft schreibt David einen kurzen Brief: »Ich korrigiere die Briefe von einem Nazi, der Natzie mit tz schreibt (er sagt, es leite sich ja von Nationalsozialismus ab und heiße daher ›Natzi‹). Was für ein Depp. Ich habe ihm geraten, das Wort ›Nazi‹ in überhaupt keinen Brief zu schreiben. Auch nicht in einen Brief an seine Mutter. Da fragt er zurück: Ob die auch Briefe an seine Mutter lesen würden. Unterhalte mich ansonsten viel mit einem Vietnamesen, der hier auf seine Abschiebung wartet. Lese auch viel und habe eine neue Geschäftsidee. Müssen wir bald mal drüber reden. Sag mal, kennst du einen Anwalt?«

An einem windigen Tag Ende August, nachdem unsere geliebte Stadt sagen wir mal einen wunderbaren Sommer lang high gewesen ist, hat mich David angerufen. Eine neue Lieferung sei eingetroffen. Ich könne ja am nächsten Tag um 12 Uhr vorbeikommen und einen Kaffee mit ihm trinken. Die Lieferung bestaunen, bewundern usw. Zu diesem Zeitpunkt, während unseres Telefonats, saß am anderen Ende der Leitung ein Polizist mit Kopfhörern und notierte: »Lieferung voraussichtlich am nächsten Tag, etwa 12 Uhr.«

Vor dem Laden saßen später, als ein sogenannter bemannter Kraftwagen vorfuhr, etwa fünf Polizisten, undercover, mit Zeitungen in der Sonne, alle mit schwarzem Kaffee vor sich und jeder an einem eigenen Tisch. Sie saßen seit einiger Zeit täglich vor diesem Kaffee und wir hatten uns an den seltsamen Anblick gewöhnt. Wir grüßten sie voller Hohn, weil ja jeder Depp weiß, dass man keine Zeitung benutzt, um eine Observierung zu kaschieren, und man sieht auch nicht aus wie ein Alien, das versucht, sich wie ein Mensch aufzuführen. Einmal kam ein alter Mann in den Laden und fragte, ob wir wüssten, dass draußen die Stasi säße. Na ja. Als der weiße VW-Bus vor dem Laden hielt, ließen sie ihre Zeitung fallen und nahmen David und den Fahrer des LKW fest.

Ich schreibe an David, dass ich einmal etwas von einem gewissen Uwe Maeffert gehört habe, einem Anwalt, nein, einem Kettenhund. Einem, dessen Mandanten zweifelsfrei schuldig und zweifelsfrei unschuldig seien. Ob er den Fall von Marianne Bachmeier kenne, die im Gerichtssaal den Mörder ihrer Tochter erschossen habe. Oder den Fall mit dem Säuremörder? Maeffert – der sei der richtige Mann. Einer, wie ich hörte, der die Obrigkeit hasst, das selbstgewisse Justizsystem usw. Fragen kann man ja mal. Irgendwie komme ich auf die Idee, bei einer Zeitung anzurufen und mich als Reporterin auszugeben. Da gebe es etwas zu berichten usw. Ein Redakteur der Thüringer Landeszeitung ist begeistert. Er will, dass ich etwas über das Verfahren schreibe.

Ein paar Wochen später tippe ich vor dem Gerichtssaal des Amtsgerichts Weimar von einem Bein auf das andere und treffe auf die Mutter von David, und die sagt: »Na dann«, und wir gehen rein, als müssten wir jetzt nach der großen Pause in die Mathestunde.

David grinst und winkt vom Anklagestuhl ins Publikum, während sein Anwalt Uwe Maeffert schon steht, schon die auf dem Tisch liegende Akte durchblätternd, schon bereit.

Er hat kurzes, welliges, graues, lockiges Haar, eine silberne Nickelbrille und obwohl er immer sehr vergnügt schien, verfinstert sich seine Miene, als er die schwarze Robe überzieht. Dann schlurft der Richter hinter den Schöffen her, die schon dasitzen, was man jetzt erst merkt, weil sie sich nicht bewegen, wie zwei schlafende Hunde. Der Richter knipst seinen Kugelschreiber. Es ist, glaube ich, so was wie das Klingeln in der Schule, denn Maeffert fängt sofort an: »Ich beantrage die Einstellung des Verfahrens«, sagt er. »In das Betäubungsmittelgesetz sind Pilze noch nicht aufgenommen worden. Da steht, dass pflanzliche oder chemische Substanzen verboten sind. Pflanzen. Pilze sind keine Pflanzen. Pilze sind Pilze.«

»Für die Masse der Bevölkerung sind Pilze natürlich Pflanzen«, sagt der Staatsanwalt.

»Nennen Sie das ein juristisches Argument?«, fragt Maeffert.

»Jeder weiß, dass Pilze Pflanzen sind!«, sagt der Staatsanwalt.

»Hat die Justiz darüber zu entscheiden oder Wissenschaftler, ob ein Wal ein Fisch oder die Erde flach oder ob ein Pilz eine Pflanze ist?«

Staatsanwalt: »Sie übertreiben maßlos. Das können Sie in Hamburg machen, aber nicht hier.«

Maeffert: »Ich beantrage hiermit einen Biologen als Sachverständigen.«

Richter: »Die Verhandlung wird unterbrochen.«

Maeffert erhebt Einspruch, er unterbricht, verliest Prozesserklärungen, legt Beschwerden ein, liest Beweisanträge und Protokolle vor. Von den ersten vier Stunden, die das Gericht tagt, spricht Maeffert knappe drei. Es ist ein Schöffengericht. Links vom Richter sitzt eine blonde, froh gelockte, kräftige Dame Mitte 50, rechts der Typ Chemielehrer. Beide drehen den Kopf immer fast synchron mal nach links, mal nach rechts. Zur Anklage oder zur Verteidigung. Augen halb geschlossen. Es sieht aus, als seien sie das unbeteiligte Publikum einer Theateraufführung. Manchmal hustet der Chemielehrer und alle erschrecken darüber, dass er noch da ist.

Nach der Pause sagt der Richter, dass der Biologe als Sachverständiger abgelehnt ist. Maeffert: »Wir sind hier in Weimar. Ich habe in der sehr langen Pause die Zeit genutzt und mir die Gedenktafeln der Justizopfer sowohl unter den Nationalsozialisten als auch unter den Kommunisten anzusehen. Wir bewegen uns hier in historischen Mauern, in denen im Namen der Gerechtigkeit Verbrechen verübt worden sind. Es kann doch nicht sein, dass erneut ein Beschuldigter über das Gesetz hinweg bestraft und nun einfach relevante Sachverständige nicht gehört werden. Und die Justiz sich auch noch über die Wissenschaft hinwegsetzt. Wie kann es eigentlich sein, dass in einem Prozess, in dem es um Betäubungsmittel geht, der Staatsanwalt in einer Pause sofort nach einer Zigarette greift, wo doch auf der Packung steht: »Rauchen ist tödlich«? Sie sind ein schlechtes Vorbild in einem Betäubungsmittelprozess.«

Staatsanwalt: »Jetzt reicht's aber! Sie glauben wohl, Sie kommen aus dem großen Hamburg und müssen uns hier Recht und Ordnung erklären?«

Maeffert: »Ich habe Jura studiert, danke.«

»Ich auch«, sagt der Staatsanwalt.

»Ich auch«, sagt der Richter, verdreht die Augen. »So, da wir das jetzt geklärt haben ...«

Maeffert: »Wie lange gedenken Sie, diese Verhandlung noch zu führen? Ich habe den Zug heute Morgen um 6 Uhr 45 aus Hamburg genommen.«

Richter: »Auch ich bin heute um 6 Uhr 30 aufgestanden und habe meine Tochter in den Kindergarten gebracht.«

Maeffert: »Ich gehe nicht davon aus, dass die Verhandlung länger als bis 22 Uhr geführt wird!«

Richter stimmt zu.

Maeffert: »Ich bitte darum, diesen Verlauf der Verhandlung zu dokumentieren.«

Richter stimmt zu.

Maeffert: »Sie bereiten mir Bedingungen, die schlicht unerträglich sind.«

Kurze Pause.

Maeffert: »Wissen Sie eigentlich, dass in diesem Fall der ganze Apparat aus Behörden, Gewerbe- und Steueramt selbst hätte Zweifel an der Richtigkeit der Sache, die mein Mandant verschiedenen, vielen verschiedenen Amtsträgern vorgetragen hat, äußern müssen? Hier hat der Apparat versagt, nicht die Leichtgläubigkeit eines jungen Menschen, der etwas machen wollte. Er hat sich beim Gewerbeamt angemeldet, er hat jedes verkaufte Päckchen Pilze versteuert, alle Einnahmen in seine Steuererklärung geschrieben. Und die Frage, die sich stellt, Sie werden sich wundern, ist die alte leninsche Frage: Wer wen? Wer hat wem geschadet? Ich muss sagen, hier hat das ganze System versagt und meinem Mandanten geschadet, und nun will die Justiz ihn zum Verbrecher machen. Und die Ungenauigkeit eines Gesetzes lasten Sie zu allem Überfluss nun Herrn David Grau an. Mein

Mandant hätte diese Pilze nie verkauft, wenn er damit Menschen ernsthaft geschädigt hätte, er ist ein verantwortungsbewusster, junger Mann.«

Staatsanwalt: »Das ist Heuchelei!«

Richter zu Maeffert: »Wollen Sie sonst noch etwas sagen?«

Maeffert: »Natürlich will ich noch etwas sagen.« (Blättert in der Gerichtsakte.) »Wer ist für die Schmierereien in einer polizeilichen Akte verantwortlich?«

Niemand antwortet.

Maeffert: »Ich fühle mich schlecht behandelt. Ist es hier eine Selbstverständlichkeit, dass man nichts mehr sagt? Wer ist für die Schmierereien verantwortlich?«

Richter: »Ich habe keine Veränderungen getätigt. Herr Staatsanwalt, möchten Sie sich dazu äußern? Vielleicht wissen Sie ja, wer es war.«

Staatsanwalt: »Ich weiß es.«

Richter: »Wollen Sie uns auch sagen, was Sie wissen?«

Staatsanwalt stammelt: »Ich habe die eine oder andere Korrektur vorgenommen.«

Richter greift sich an den Kopf.

Maeffert (fassungslos): »Das ist so etwas Abwegiges, dass ein Staatsanwalt in einer Gerichtsakte ›Korrekturen‹ vornimmt.«

Staatsanwalt: »Mir fällt dazu nichts mehr ein, und ich will mich jetzt dazu nicht mehr äußern.«

Richter: »Verteidigung? Gibt es von Ihrer Seite noch Fragen?«

Maeffert ironisch: »Nur noch weniges!«

Richter ruft den Polizisten herein, der das Geschäft durchsucht und David festgenommen hat.

Richter: »Die Verteidigung hat das Wort.«

Maeffert: »Vielen Dank, Herr Richter.«

Maeffert wendet sich dem Zeugen zu: »Herr Krohl, haben Sie …?«

Zeuge: »Nein!«

Maeffert: »Jetzt ist aber wirklich gut.«

Zeuge: »Ich wusste doch, was Sie für eine Frage stellen wollen.«

Maeffert: »Sie haben mich doch nicht mal ausreden lassen, Sie konnten doch gar nicht wissen, was ich Sie fragen wollte.«

Zeuge: »Sie wollen darauf hinaus, dass ich vielleicht einen Fehler gemacht habe. Habe ich nicht.«

Maeffert: »Welche Kollegen waren mit Ihnen zusammen bei der Durchsuchung?«

Zeuge: »Ich weiß nicht.«

Maeffert: »Haben Sie keinen Ihrer Kollegen vor Augen? Wie kann das sein, dass Sie sich an keinen einzigen erinnern können? Haarfarbe? Größe?«

Der Staatsanwalt stellt dem Zeugen eine Frage, die man wegen des Gequassels im Zuschauerraum nicht verstehen kann.

Maeffert: »Die Frage ist unerheblich.«

Staatsanwalt: »Dann ist Ihre Frage auch unerheblich.«

Maeffert: »Tja, Sie haben sie aber nicht beanstandet.«

Das geht ewig so weiter. Inzwischen raten Staatsanwalt und Richter David, er solle sich lieber einen Anwalt aus Weimar nehmen, das sei viel einfacher, die kenne man, da wisse man, was man hat, da könne man sicher schnell fertig werden. Sieben Verhandlungstage werden es schließlich, in denen auch ein Gerichtssachverständiger gehört wird, der die Anteile des Wirkstoffs Psilozybin in den Pilzen berechnet, und während der Verhandlung beweist Maeffert, dass sich der Sachverständige um eine Kommastelle verrechnet hat, worauf dieser »huch« sagt und der Richter seinen Kugelschreiber knipst. Der Richter will das Verfahren einstellen. Der Staatsanwalt möchte eine öffentliche Hinrichtung. Am Ende wird David verwarnt, bekommt Sozialstunden und sitzt fünf Wochen als Nachtpförtner in einem Altersheim.

Maeffert schreibt einen Antrag auf Kostenerstattung, lehnt ein Honorar aber ab, er schickt David die Kopie: »Hier mein Schriftsatz, ich hoffe, er gefällt Ihnen. Grüßen Sie Ihre Eltern ganz herzlich.« Die Kosten des Verfahrens trägt der Angeklagte.

PS: Ich möchte nicht unerwähnt lassen, dass es sich bei Psylozibin in Deutschland um eine illegale Substanz handelt. Sollten Sie dennoch mit ihr in Berührung kommen, beachten Sie Folgendes: Gehen Sie unbedingt in die Natur, dorthin, wo es schön ist, wo Sie vor allem keine nüchternen Junge-Frau-Sie-können-doch-nicht-Spaziergänger treffen. Achten Sie auf Ihre Freunde. Danke.

5. Funktionäre

Montag. Friedhof. Wir steigen aus dem Auto, warten vor dem niedrigen, braunen Holzzaun. Eine Schlange von Autos hält eins nach dem anderen genau vor dem Eingang, einem Gartentürchen aus grauem Holz. Dunkle Audis halten und ein Mercedes: Da fehlt vorne der Stern. Ein Sohn, eine Tochter, ein Fahrer öffnen die Fahrertür, steigen aus, umkreisen das Auto, öffnen eine hintere Tür. Das wiederholt sich so lange, wie wir hier warten, ich schätze, in fünf Minuten etwa fünfmal. Immer steigt ein alter Mann heraus, in einem langen grauen oder braunen oder schwarzen Mantel und mit Schiebermütze. Am Revers tragen zwei eine rote Nelke. Ihre Gesichter sind grau, tiefe Falten wie trockene Wassergräben auf der Stirn, am Hals. Gesichter wie Denkmäler, auf die man keinen Zugriff hat, deren Grund man nicht kennt. Keine guten Gründe hier. Kalter Blick. Aschgraue Mimik. Gesichter, die nicht lachen können. Man will sie auch nicht lachen sehen, wer weiß schon, worüber so einer lacht. Die Hände wie vernarbte, alte Zweige. Sie bewegen sich mühsam, manche mit Stock, alten Stöcken aus Holz, lackiert. Sie gehen gebeugt wie Menschen, die sich bedroht fühlen. Sie wickeln sich in ihre Mäntel, als hätten sie Angst. Ich weiß nicht, wer sie sind, aber ich weiß, dass es da etwas gibt, von dem ich nichts weiß, dass diese alten Säcke ein Geheimnis hüten. Sie sammeln sich neben uns, vor dem Holzzaun, und bilden ein Grüppchen. Das erinnert mich an eine Horde fetter Käfer, die über einen Misthaufen krabbeln und rangeln, wer den schönsten Platz auf dem Misthaufen bekommt. Ich weiß nicht, in welchem Dorf wir sind, welche Kirche das hier ist. Sie ist grau und einfach, ein Kirchturm, ein Dach, vielleicht ist da auch eine Glocke drin. Wir sind in das Auto gestiegen und mitgefahren. Sie hatten uns von unserer Lieblingsserie fortgezogen, *Parker Lewis*, drei Jungs, cool, schlagfertig, lustig, eine wichtige Überbrückungsserie bis zum *Disney Club*. Wir sehen fern, sobald wir von der Schule kommen, wir haben einen ganz genauen Serienplan. Wer die Fernbedienung hat, bestimmt den Nachmittag. Wir prügeln uns darum, denn es gibt zwischen meinem Bruder, der vier Jahre jünger ist, und mir generationsbedingte Differenzen, was den Fernsehkonsum betrifft. Wechselseitiges komplettes Unverständnis. *Parker Lewis* läuft jetzt Samstagmorgen 9 Uhr 30. Darauf einigen wir uns natürlich. Wir sehen einfach immer fern. Aus Langeweile vielleicht. Alles, was am Nachmittag läuft, und samstags auch am Vormittag. *Batman* zum Beispiel. Hausaufgaben machen wir fast nie. Wir sitzen im *Disney Club* und trinken Kakao mit *Colombo*. Wir haben schon vieles aus dem Fernsehen gelernt. Eigentlich alles.

Machen wir jetzt einen Uhrenvergleich. Es ist 12 Uhr 30. Samstag. 1996. Überraschend kam der Frühling. Meine Mutter trägt einen bunten Seidenschal, den ich in der Psychiatrie bemalt habe, ich hab alle Farben draufgeschmiert, die mir zur Verfügung standen. Das hat etwas Beruhigendes, weil sie so herausleuchtet und das wie ein Widerstand gegen Beerdigungen aussieht. Sie wischt meinem Bruder die Rotze von der Nase. Keine Glocke läutet. Ich nehme an, es ist der Pfarrer, der herauskommt aus der Kirche, er stellt sich zu den alten Männern mit den Nelken und den Schiebermützen, daneben stehen reife Brombeeren.

Ansonsten ist alles so wie im Fernsehen: Blumen, Pfarrer, heulende Familien. Und es ist auch genauso schön wie im Fernsehen, weil die Sonne genauso schüchtern durch die alten Bäume leuchtet und ihr Licht auf die Gräber scheint, wo dann aber leider nur Stiefmütterchen stehen. Aber wenn man von da aufschaut, kann man Birken sehen, weiße Rinde, und Ahornbäume und Linden. Ich kenne die Bäume, wir haben sie alle auswendig gelernt. Bäume sind schön, es ist ein guter Ort, so ein Friedhof im Frühling.

Meine Eltern stehen etwas seltsam fremd herum, spähen nach Verwandten. Dann winken sie erleichtert. Mein Großvater wird von meiner Tante über die fiesen Bordsteinplatten geführt. Opa Friedrich oder Frido, wie ihn alle nennen. Er war ein sehr guter Schwimmer. Bis ihm jemand in Stalingrad drei Finger der linken Hand weggeschossen hat. Oder sind sie ihm dort abgefroren? Ich weiß nicht, will nicht fragen. Wie fragt man denn so etwas?

»Friedrich«, ruft einer der alten Männer mit zerbrechlicher, rasselnder Stimme. Bis heute ist sein Name wie ein Donnergrollen, jedenfalls auf dem Land. Die alten Männer bilden um ihn einen Kreis. Stellen Fragen, nicken, geben ihm die Hand. In seinen Wäldern wird gejagt. Es sind jetzt nicht mehr die Wälder der LPG, es sind jetzt die Wälder, Felder, Äcker der Familie. Im Januar dürfen wir als Treiber in den Wald. Dazu müssen wir orangefarbenen Signalwesten anziehen, und dann rufen und schreien wir durch den Wald, damit die Wildschweine und Hirsche direkt vor die Flinte von Onkel Egon laufen, der sie dann abknallt. Dann liegen Hirsch oder Wildschwein da, und wir dürfen zuschauen, wie das Fell weggebrannt wird und die Haut abgezogen usw. usf. Und dann gibt es Wildschein oder Hirsch zum Essen. Wenn man die Anzahl der geschossenen Hirsche auf die Familienmitglieder (sagen wir 20) verteilt, kommt raus, dass jeder ungefähr schon mindestens einen ganzen Hirsch gegessen haben muss.

Onkel Egon ist auch zur Beerdigung gekommen. Der wohnt jetzt allein. Über seinem Sofa hängt ein rotes Ehrenbanner der SED. »Ehrenbanner der SED« steht da drauf, es ist aus rotem Satin mit Goldrand. Ein einziges Mal haben wir ihn besucht, vor ein paar Jahren, weil er Geburtstag hatte, und wir waren die einzigen Gäste. In der Wohnung war es kalt, weil er geizig ist mit der Wärme, die Wohnung war klein und lag eigentlich nur drei Blocks von unserer entfernt. Wir sind dort auf das Sofa gestiegen und haben das Ehrenbanner abgenommen und es uns abwechselnd um den Hals gelegt und gestritten, wer es als Nächstes tragen durfte. Wir spielten den Prinzen von der Prinzenrolle nach. Es konnte nur einen Prinzen geben. Wir fragten Egon, warum er nicht mehrere SED-Ehrenbanner bekommen habe. Wir waren enttäuscht. Seit die Firma, die Prinzenrolle produziert, in unserer Grundschule einen Wettbewerb veranstaltet hat, nämlich wer den schönsten Prinzenrollenprinz malen kann – ich weiß nicht mehr, ob jemand gewonnen hat –, seitdem jedenfalls kauft meine Mutter die Doppelkekse von JA, und wir wollen Prinzenrollenprinzen sein. Wir haben also nur noch Prinzenrolle im Kopf und jeder will einen roten Umhang haben. Doch den roten Ehrenbannerumhang hatten wir nicht sehr lange um den Hals, weil Onkel Egon auf die Frage, warum's denn nicht mehr davon gab, total ausgeflippt ist.

Egon arbeitet jetzt bei Coca-Cola. Das ist besser für ihn, sagt meine Mutter, weil da kein Alkohol drin ist. Und er schleppt immer einen Kasten Coca-Cola zur Familienfeier. Ich wette, nachher gibt's auch Coca-Cola. Wenn Geburtstagsfeiern sind und alle schön besoffen, erklärt uns Onkel Egon den Unterschied zwischen Cherry Coke und Vanilla Coke und Coca-Cola und Cola Light, und Opa Frido zitiert Stalin. Dann werden seine Augen feucht, weil Stalin nicht mehr im Mausoleum liegt. »Die Siegergeschichtsschreibung«, sagt er und beendet den Satz mit einem Stöhnen. Leider dürfen wir nur sonntags Cola trinken.

Uns wurde erzählt, dass Onkel Egon bei Coca-Cola einen tollen Job hat. Jetzt steht er da mit den anderen zusammen. Opas mit Zukunftsangst.

Das Besondere an Egon ist, dass er seit einiger Zeit Jeans trägt, was sehr der Mode entspricht, aber Mode – darauf hat man sich hier wortlos geeinigt – ist eigentlich nichts Gutes, eher etwas Gefährliches. Deshalb sind hier die Väter und Onkel und die Großväter sowieso in den gleichen Anzügen, Hosen, Hemden und geriffelten Pullovern erschienen. Und deshalb kaufen sie sich nichts Neues oder lassen sich nichts Neues kaufen, also von ihren Frauen kaufen, nämlich aus Überzeugung. Doch Egon hat jetzt eine Jeans. Aber das gefällt nur den Frauen. Hab ich das Gefühl. Immer mehr Männer sind gekommen, die man nicht anders als ganz neu bezeichnen kann. Neue Männer von drüben. Sie wirken größer, breiter, lauter. Sie tragen Jeans und Trenchcoat, einige beigekarierte

Sakkos, und die Frauen lachen und pfeifen hinterher und tuscheln miteinander, dass dieser oder jener Typ, der zum Beispiel, der in das Büro vom Bauamt hereinkommt, eigentlich hereinplatzt in das Büro vom Bauamt, in dem meine Mutter jetzt arbeitet, wo sie jetzt knapp tausend Mark verdient und an ihrer Tür »Frau Dr. Hünninger« steht – also dort platzen oft diese Männer mit Jeans und Trenchcoat herein und stehen da rum und erzählen mit den Armen Geschichten und lachen laut von tief unten, von tief aus dem runden festen Bauch heraus, Männer, die so aussehen, als würden sie den Damen gern Blumensträuße mitbringen, Männer, die beim Herausgehen immer noch reden und erst aufhören, wenn die Tür wirklich zugezogen ist, und dann tritt für einen Moment eine Stille ein, als hätte es so etwas wie Stille niemals zuvor gegeben, und dann endlich sagen die Frauen: »Der Mann hat Schmiss.«

Solche Männer machen die alten Chefs ziemlich wütend, die stehen dann da, mit ihrem Aktenordner, und ihnen fällt nichts dazu ein. Manchmal knipst der Chef meiner Mutter auf dem Kuli herum und sagt: »Idiot.« Und die »Damen«, also meine Mutter und Tante Angelika, deren Mann sich letztes Jahr auf dem Dachboden erhängt hat – und das noch nicht einmal auf dem eigenen, sondern auf dem Dachboden, auf dem alle Hausparteien ihre Wäsche aufhängen, und das weiß jeder, weil sie im Dorf Dasdorf wohnt, wo jeder Bescheid weiß, aber niemand fragt, und deshalb steht sie genauso außerirdisch da herum im Büro vom Bauamt wie meine Mutter, die »Frau Doktor« –, diese zwei Damen jedenfalls tippen dann vom Chef wieder ein Diktat ab und kleben die Bilder ihrer Kinder an ihre Computerbildschirme. Am Computer meiner Mutter hängt ein Bild, das uns drei Kinder zeigt, pyramidenartig aufgebaut vor weißem

Hintergrund, und meinem Bruder läuft Rotz aus der Nase. Ihr Chef fragt mich ständig, warum meine Brüder niemals kämen, und ich erkläre immer wieder, dass sie keine Zeit haben. Ich spar's mir zu sagen, dass ich nur einen Bruder habe und der Rest Mädchen sind, weil der Typ sich das nicht mal bis zur Kaffeemaschine merken kann. Er hat einen Schnauzbart wie eine Klobürste, wenn sie schon etwas in Benutzung war. Das ist wohl wichtig, wenn man Chef ist: dass man sich einen Schnauzbart zulegt. Männer, die herrschen, das lernt man in Geschichte, haben einen Schnauzer. Wenn ich zum Zahnarzt muss, warte ich im Bauamt, dann spielt Tante Angelika mit mir am Computer Solitär, oder ich sortiere Kugelschreiber nach Farben, oder ich suche auf den großen Grundstückskarten, wo wir wohnen. Unser Plattenbauviertel ist aber nie zu sehen.

»Dreifachzoom!«, sagt Egon zu meinem Vater. »Ich soll Bilder für die Kinder machen, die wollten nicht kommen. Heutzutage darf man ja niemanden mehr zwingen.« Egon trägt jetzt eben auch eine Jeans und am Handgelenk einen Fotoapparat. Der hat Zoom. Über den reden jetzt alle. Auch die Witwe. »Mein Beileid«, sagt Egon und die Frau sagt: »Danke. Der hat Zoom?« Einen Zoom zu haben ist hier, wie bei Coca-Cola zu arbeiten, und bei Coca-Cola zu arbeiten ist wie einst eine Anstellung in der Versorgungsabteilung der SED-Kreisleitung – der große Knaller. Obwohl keiner weiß, was Egon da macht, bei Coca-Cola oder als Erster Sekretär. Man muss dann gar nichts mehr tun für sein Ansehen. Man kann damit hier sehr viel hermachen.

Jetzt bewegen sich alle Richtung Kirche. In der Kirche ist es kalt. Vorn ist ein Sarg aufgebaut. Die Klappe ist offen.

Wir setzen uns, und vorne beginnen die Ersten zu flennen. Der Pfarrer stellt sich hinter den Sarg und sagt Worte wie: »Guter Mensch, liebevoller Vater, Ehemann, Großvater, ein guter Jäger und Schlachter. Er war sehr tierlieb und führte stets zwei bis drei Zwergpudel spazieren.« So etwa fasst der Pfarrer die Jahrzehnte eines Lebens zusammen. Eingedampft in einen Satz. Vielleicht auch ein paar Sätze, so genau hört man ja doch nicht hin. Die Rede, die einen am meisten interessiert, wird man nicht hören können. Vielleicht ein Glück. Vor mir löst ein Mann das Kreuzworträtsel der Lokalzeitung, genannt »Rätsel-Brezel«. Das Gedicht »Der Herr ist mein Hirte« gefällt mir sehr. Es ist schön, ich kann es mir richtig vorstellen, grüne Weiden kommen darin vor, und alles klingt, als sei das das Paradies. Es muss schön sein dort, wirklich schön. Ich höre genau hin, da scheint nichts verboten zu sein: »Und ob ich schon wanderte im finstern Tal, fürchte ich kein Unglück; denn du bist bei mir, dein Stecken und Stab trösten mich.« Cool.

Der Pfarrer ist fertig, das merkt man daran, dass alle aufstehen, man singt. Kurz setzen sich alle, dann stehen wir wieder auf. Unheimlich leise und selbstverständlich, als wüsste jeder genau, was zu tun ist, als hätten sie das schon hundertmal so gemacht. Dann schleichen sie aus den Reihen wie Tiere.

Egon hat in der zweiten Reihe gesessen, er geht jetzt vor zum Sarg, beugt sich darüber und fotografiert in den Sarg hinein. Es blitzt. »Die zoomt«, sagt er nach hinten, und dann schnurrt der Zoom heraus wie ein Fernglas. »Für die Kinder«, sagt er, »denn die Kinder können heute nicht dabei sein«, und er knipst noch einmal, aber nicht mehr in den Sarg, den hat er ja schon, sondern in die Menge hinein. Wieder ein Blitz, mit dem keiner gerechnet hat. Dass der einen immer so kalt erwischt und für einen Moment halb blind macht! Wie Schäfchen gucken wir Onkel Egon an: »Uups, hat's gerade geblitzt?«

Plötzlich muss ich anfangen zu lachen, ich kann es nicht aufhalten, es geht nicht. Kirche, ein offener Sarg, ein Pfarrer, flennende Frauen. Ich lache, Birgit lacht, Michel lacht. Ich gucke Birgit an und wir müssen noch heftiger lachen, es platzt einfach aus uns heraus, keine kann es noch halten. Der Blitz, der Sarg, die flennenden Frauen, Schuldgefühle, aber wir lachen. Da hilft keine Hand vor dem Mund, die Tränen kommen, wir krümmen uns, es hilft kein Blick zum Boden, es hilft auch nicht der Klaps auf den Hinterkopf. Wir können nicht aufhören. Dann zerrt uns mein Vater raus ins Licht. Ich muss blinzeln, und außerdem wird mir schlecht. Mir wird schlecht, weil es gleich Ärger gibt und der Bauch vom Lachen müde ist. Ich übergebe mich vor der Kirche in meine Hände, versuche, es aufzufangen. Dann gucke ich hoch, sage: »Uups, es hat geblitzt«, und lache und sehe meinen Vater, meine Schwester und einen Friedhof. Bei drei Kindern ist es immer so, dass nur zwei festgehalten werden können, der Dritte läuft aber trotzdem automatisch hinterher, selbst wenn es nicht zum eigenen Vorteil ist, wenn man eigentlich wegrennen sollte. Grotesk irgendwie.

Mein Vater holt sein Stofftaschentuch heraus, das nach der Wäsche gebügelt wird, und wischt mir die Kotze aus dem Gesicht, und ich grinse. Es reicht natürlich längst. Eine alte Frau gießt die Blumen auf einem Grab. Carolin guckt herüber und schüttelt den Kopf. Carolin ist meine Cousine, sie hat eine Zahnspange. Es zischelt, wenn sie redet. Ich hätte auch gern eine Zahnspange und drücke gegen die Schneidezähne und hoffe, dass sie schief werden.

Zum Beerdigungsessen werden wir aber dennoch zugelassen. Das ist gut. Ich habe Hunger. Vom Friedhof aus laufen wir ein paar Minuten eine gepflasterte Straße entlang. Mein Vater zeigt auf den Wald, der um das Dorf herum die Hügel bedeckt. »Das und das und das und das gehört uns. Dahinter geht's noch weiter. Wenn der Opa stirbt, werden wir ein Drittel von allem bekommen.« Er bleibt stehen und zeigt im 360-Grad-Winkel auf alle grünen Zipfel, die man von hier aus sehen kann. Wir gehen oft in diesen und anderen Wäldern spazieren, lange, strapaziöse Spaziergänge, besonders an Ostern. Und immer wird dann gesagt, was unserer Familie gehört. Südlich von Weimar ziemlich viel, schätze ich. Es sind ätzend lange Spaziergänge wie durch ein Museum, denn: »In unserem Wald wird nix abgebrochen! Auf dem Weg bleiben!«

Wir gehen in einen Saal hinein, in dem Schulbänke zu einer u-förmigen Tafel zusammengeschoben sind, auf der auf einer gelben Papiertischdecke Kuchenplatten stehen. Von draußen schon können wir Egon hören, der vor lauter Reden bereits einen roten Kopf hat. Ich beobachte, wie die um ihn Herumsitzenden, darunter der Pfarrer, etwas zurückweichen, und weiß, warum: weil Onkel Egon, wenn er sich in Rage geredet hat, wirklich unangenehm spuckt. Zumal er hier offenbar schon mehrere kleine Törtchen verspeist hat.

»Jetzt steht überall, dass die Ostdeutschen alle Neonazis sind. Aber die gab's doch kaum. Die hatten wir doch im Griff, sag ich. Im Griff. Die war'n doch nicht gefährlich. Wenn da einer was gesagt hat, da war der doch sofort aussortiert. Tanzte einer aus der Reihe, ging – zack – die Gardine zu. Schlüssel rum und Suppe statt Schnaps! Was jetzt für Schmutzkübel über die DDR ausgekippt werden. Das ist eine faschistische Aktion!«

Eine unangenehme Schweigesekunde tritt ein. »Gefährlich waren doch ganz andere!« Egon wird lauter: »Da sind wir doch nie reingekommen, die haben wir doch nicht gekriegt: diese Kirchenmäuse oder Friedensquatschkreise. Die haben wir nicht knacken können. Und wenn de so willst, das sach ich dir, wenn wir die nicht gekriegt haben, dann wenigstens der Kapitalismus.« Egon starrt in die Luft. Der Pfarrer faltet die Hände. Irgendwie kommt es mir vor, als wäre da etwas durcheinander. Wir waren in der Kirche. Waren wir jetzt auch Kirchenmäuse? Im Kommunismus, sagte mein Vater immer, gibt es keine Kirche, das wäre nur Opium gewesen, was ich jetzt auch nicht verstanden habe. Mein Kopf schmerzt schon. Ich schaue Birgit an. Sie lacht. Sie sagt: »Na, du Kirchenmaus.« Wir lachen. Egon steckt sich einen Kuchen in den Mund, der zwar auf Mundgröße geschnitten ist, aber dort zum Reden nicht viel Platz lässt. »Stasi!«, sagt er und kaut. »Stasi. Das war doch nüscht. Da hammer mal einen eingesperrt. Na und?« Er kaut. »Na und? So läuft's nun mal. Ist doch heute auch nicht anders.«

Egon dreht sich halb herum, sieht uns über die Schulter hinweg hereinkommen. »Da is er ja.« Wir setzen uns in Hörweite. Der Pfaffe rutscht nervös auf seinem Stuhl herum. Er hat krauses rotes Haar, sehr voll, ein blasses, von vielen Beerdigungsessen etwas aufgeschwemmtes Gesicht. Er faltet die Hände im Schoß und lächelt die Witwe neben ihm still an. Sie zu ihm: »Wir hatten eben noch über das Wetter gesprochen. Der Fernseher lief, und er hat sich so aufgeregt. Da war Werbepause. Da kam Heike Drechsler mit Waschpulver. Er hat sich noch so gefreut. Wir Ossis auch mal im Fernsehen. Die hat sogar gesächselt. Persil. ›Persil‹, hat sie gesagt, ›richtig sauber, und leuchtende Farben.‹ Wissen Sie, er hat mich gerufen, ich soll mir das mal anschauen, da wäscht Heike Drechsler im Fernsehen ihre Wäsche. ›Jetz is se sauber‹, hat er zu mir gesagt. Das war ein schöner Moment. Er hat sich ausgezogen und sich neben mich aufs Bett gesetzt …« Der Pfarrer unterbricht sie, indem er schnell, aber sanft ihre Hand tätschelt und verständig nickt. »Aber nein, er hatte doch das Unterhemd an. Dann ist er einfach … ›Heike‹, hat er noch gesagt, den Satz hat er nicht mehr zu Ende gesprochen, etwas über Heike Drechsler wollte er sagen, da ist er nach hinten umgekippt und …« Der Pfarrer kneift die Augen zusammen. »Ne, er ist einfach tot gewesen. Bumm«, sagt sie. Sie schüttelt den Kopf. Der Pfarrer schüttelt den Kopf. »Ja«, sagt er leise.

»Immerhin hat er nicht gelitten«, sagt meine Tante.

»Nein, Schmerzen hatte er nicht«, sagt die Witwe.

»Na ja.«

»Peter«, sagt Egon, »was habt ihr da gemacht? Gewinnen hätte man's doch können. Was war da oben los in der Kampfgruppe?« Egon dreht sich zu den alten Männern, die nicken viel, mein Vater muss etwas lauter sprechen, damit er über mich, Birgit, Michel, über den Pfarrer und die Witwe auch für Egon zu hören ist. »Na ja«, sagt mein Vater. Egon winkt ab: »Im Grunde stand die Mauer zehn Jahre zu lange. Ich bin ja eigentlich froh, dass se weg is. Das Land gehört jetzt wenigstens wirklich uns.« Er lacht ein kurzes, lautes »Ha«.

»Wir standen ja schon vorher mit der Kampfgruppe oben auf dem Ettersberg, da auf dem Parkplatz von Buchenwald. Da hatten wir trainiert mit der Kampfgruppe.«

»Auch so'n Verein«, sagt Egon, vom dem wir nur den

Rücken sehen. Ich meine aber, sein Grinsen zu hören. »Frühjahr bis Herbst 89 haben wir immerhin sechsmal trainiert. Ich hatte das schwere Maschinengewehr. Die andern die Kalaschnikow. Die war viel leichter. Also, für mich war das sehr anstrengend. Die Verpflegung war immer gut.«

»Um die hab ich mich ja auch gekümmert«, sagt einer der Alten, der eine besonders gelbe, faltige Haut im Gesicht hat. »Erster Sekretär. Meine Herrschaften. Im Besitz des Ehrenbanners der Partei. So.«

»Die Verpflegung wurde aber später schlechter.«

»Na na.«

»Wir haben da schon angefangen, Sperrketten zu üben.«

»Auf dem Parkplatz in Buchenwald? Das ist ja, na ja, eigenartig«, sagt der Pfarrer.

»Warum? Das ist nun mal freies Gelände«, sagt einer der Alten, der Erste Sekretär.

»Na ja, Buchenwald, Kampfgruppe, Sperrketten. Also …«

»Was wollen Sie damit sagen?«

Der Pfarrer widmet sich ganz der Witwe.

»Die meiste Zeit standen wir sowieso nur herum und es wurde auf irgendetwas gewartet«, sagt mein Vater.

»Idiotenverein«, sagt Egon. »Wir haben da schon längst klar Schiff gemacht in der Zentrale.«

»Im späten Herbst wurde da erst das Feldlager aufgebaut, wir haben auf einen Befehl gewartet und die Nacht wurde auf Stroh in Zelten verbracht. Wir hatten Probleme mit der Versorgung. Und es war kalt. Es gab eigentlich nur Minzlikör und Nordhäuser Doppelkorn. Schießübungen haben wir gemacht, um sich aufzuwärmen. Was sollte man sonst machen. Wir übten an der Waffe und warteten auf den Befehl zum Einsatz der Waffen gegen Demonstranten. Dachten wir uns ja, dass wir hier nicht zum Spaß oben waren und uns den Arsch abfroren. Wir diskutierten darüber. Wir wollten lieber nicht auf Demonstranten schießen. Waren ja alle Familienväter. Wir haben beschlossen, alle, den Befehl zu verweigern, und das auf einen Zettel gekritzelt und den an höhere Stellen weitergeleitet.«

Einer der Alten, einer mit Stock, zischelt etwas Unverständliches. »Die Leute hatten's doch satt«, sagt mein Vater, »Wahlergebnisse von 98, 99 Prozent. Das kann man mit dem eigenen Volk doch nicht lange machen. Da fühlt sich doch jeder verarscht.«

Egon haut mit der flachen Hand auf den Tisch: »Aus dir hätte mal was werden können!« Er schaut meinen Vater an. »In Moskau studieren dürfen. In der Partei. Alle Sekretäre und Untersekretäre in der Familie und den Chef der Landwirtschaft als Vater. Mein lieber Mann.« Er knallt sich ein Stück Schwarzwälder Kirschtorte auf den Teller. »Wir haben die Wahlergebnisse ja nicht mutwillig beeinflusst. Na, da hat einer angerufen und hat uns gesagt, das sei so noch nicht richtig gut. Da würden von oben 98 Prozent erwartet … Freie Wahlen, ich lach mich kaputt. Ihr denkt, 1990, das waren freie Wahlen? Da kamen die Wessis nach Weimar und Erfurt und haben in einer Nacht tausend Plakate geklebt. Das hätten uns doch hier schon die Gesetze gar nicht erlaubt. Die kamen in der Nacht mit Bussen und haben auf dem Marktplatz – damals, als der Kohl da war, da standen 100 000 Erfurter Bürger verführt vom goldenen Westen auf dem Marktplatz, und die Schwarzen verteilten nu plötzlich Kassetten und Schallplatten an unser Volk mit den Reden von Helmut Kohl, damit sie sich das zu Hause anhören. Also …«

»Na, da hat er nicht unrecht. Das hätte sich die Stasi schon als Behörde nie erlauben können. Was war die Stasi? Gab's doch ne Menge Abteilungen. Wurd halt mal einer eingesperrt, ja Gott.«

Stille.

»Nu lass mal gut sein«, sagt mein Vater.

»Dir hat der Ehrgeiz gefehlt«, sagt Egon. Und da widerspricht man nicht, weil jeder weiß, dass er am wenigsten Ehrgeiz hatte von allen. Am meisten davon hatten die Alten, die tischten ihre Kämpfe und die Opfer, alle, die sie bringen mussten, mit dem zarten Hirschfleisch auf. Denn ihnen ging es nicht »um Leben und Tod, sondern um viel mehr«. Verdammt noch mal.

»Wo ist denn deine Tochter überhaupt?«

»Hier«, sage ich und melde mich, hinter dem Tisch auf dem Boden sitzend. »Hier unten«, sagt Michel und zeigt auf mich. Über uns thronen Ursula und Sabine, sie halten ihre Hände fest umklammert, zwei vorbildlich im Sofa brütende Großmütter, deren Kinder und Enkel weggezogen sind, weshalb sie die Geburtstage aller Kinder und die aller Enkel auswendig aufsagen können und das nach ein oder zwei Gläsern Eierlikör auch tun. Wir sitzen vor ihnen auf dem Boden, sitzen hier unten, um die Augen schließen zu können, ohne dass uns jemand mit Anstand kommt.

»Soll sich das Kind doch nicht erkälten, komm, hier ist noch Platz.«

Ich setze mich mit einer Mischung aus Ekel und Gehorsam neben Onkel Egon.

Seine Stimme dröhnt im Ohr, ich überlege: Wahl? Welche Wahl?

Ich erinnere mich an die Wahlen 1990. Ja, ich erinnere mich. Da wurde Helmut Kohl unser Kanzler. Da waren die Wahlkabinen, die in meinem ersten Klassenzimmer aufgebaut wurden, die aber keiner benutzen wollte. Eigenartig, die Eltern in der Schule zu sehen.

Jetzt würde sich alles ändern. Und »ja« war das Wort, das uns weckte. »Ja« brüllten Männer aus jedem Fenster im Block. »Nein« sagte mein Vater nebenan. Ich stieg aus dem Bett und rannte ins Wohnzimmer, ich dachte, etwas Wichtiges sei passiert, aber es geschah nichts weiter, als dass Helmut Kohl Kanzler von ganz Deutschland wurde – und von uns auch.

Der Pfarrer und ich (bloß weg vom Sofa) helfen meiner Großmutter das Geschirr in die Küche zu bringen. Sie stehen beide an der Spüle. »Ach ja«, sagt meine Großmutter. »Wird schon wieder«, sagt der Pfarrer. »Was?«, fragt meine Großmutter. »Öhm, alles, Gudrun, alles.« Das Wasserrauschen unterbricht das Gespräch. Ich setze mich an den Küchentisch und schneide mit einem Messer ein Muster auf die Wachstischdecke. »Ich weiß noch, wie der Bernd, er ruhe in Frieden, Silvester 1990 zu mir kam. Er schien doch sehr geknickt und sagte: ›Das, was mir am meisten zu schaffen macht, was ich am meisten bereue, das is ja nicht die Stasi, sondern dass meine Mutti nicht mehr erleben konnte, wie ich Erster Sekretär geworden bin.‹«

»Das hat er gesagt? Der war bei der Stasi?«

»Jetzt isser ja tot, Gudrun.« Er tätschelt auf die schmale Schulter meiner Großmutter und geht hinaus. Sie dreht das Radio etwas lauter und wäscht wortlos das Geschirr. Stasi, denke ich, so hat er gar nicht ausgesehen. Die eigentliche Pointe eines totalitären Systems ist, dass die Täter banal sind, sie sind Beamte. Ein totalitäres System verlangt keine Bosheit. Sie ist sogar störend, weil sie so etwas Eigensinniges hat. Aber die Täter im Staat sind die, die einen Stempel und ein Stempelkissen besitzen.

Weltwetter im Radio: Singapur, Moskau, Paris. Nichts steht so genau unter Beobachtung wie der Himmel. Wie die Wolken ziehen.

Der Himmel hängt tief heute. Wir winken aus dem Rückfenster, bis das Auto in die Landstraße einbiegt. Das ist ein festes Ritual geworden, eine Weile umgedreht winken nach der Abfahrt, als sei das so geregelt worden irgendwann.

Was haben wir eigentlich heute erkennen können, was erfahren und nicht verstanden? Gehören wir zu den Guten? Und wer sind die Guten? Diese alten Männer, der Großvater, sein kettenrauchender Bruder, der Sohn Egon, wenig älter als mein Vater, der gleich nach seiner Kellnerlehre anfing als persönlicher Sekretär des Rates des Kreises und da Einfluss hatte. Worauf, das wusste keiner so recht, aber Wind wird da immer noch drum gemacht.

Auf dem Nachhauseweg hinten auf der Rückbank lachen meine Schwester und ich über das Wort »Kirchenmäuse« und wir lachen über Onkel Egon: wie gaga dieser Onkel ist. »Stasimäuse!« Hahaha! Auch gut. Zum Totlachen das Wort.

»Also das nervt langsam«, sagt mein Vater zu meiner Mutter.

»Seid ihr jetzt still«, sagt sie zu uns.

»Okay«, sagen wir und lachen und flüstern uns jetzt die Witze zu.

»Ruhe!«

»Wir sind ruhig, darf man jetzt nicht mal flüstern?«, fragt Birgit, die hinter meinem Vater sitzt.

Im Radio gibt es die Wetteransage. Auch das internationale Wetter wird angesagt: Singapur, Moskau, Bangladesch, Peking.

Birgit zieht sich die Augen wie ein Chinese zur Seite. Wir lachen.

»Hör auf, gegen den Sitz zu treten«, sagt mein Vater.

»Ich berühre deinen Sitz nicht.«

»Sie berührt deinen Sitz nicht«, sage ich.

»Ich merke es doch.«

»Sie berührt deinen Sitz nicht«, sagt meine Mutter.

»Ich sag es das letzte Mal«, sagt mein Vater. »Noch ein Wort.«

»Ich habe Hunger.«

»Mir reicht's jetzt.«

»Du hast doch gerade etwas gegessen, Mischa«, sagt meine Mutter.

»Ich habe auch Hunger.«

»Wir sind gleich zu Hause.«

»Kann ich die Toffifee aufmachen?«

»Es gibt heute für keinen mehr was Süßes«, sagt mein Vater.

»Mama?«, sage ich.

»Ihr habt Papa gehört.«

Zwei Sekunden Ruhe. Dann schaue ich meine Schwester an, und sie lacht und ich auch. Dann sagt sie: »Na, du Kirchenmaus.«

Und dann fuchtelt die rechte Hand meines Vaters nach hinten, mit der linken hält er das Steuer. Es ist Nacht, die Strecke kurvig, mit der Hand erwischt er uns nicht, aber wir landen auf der linken Spur und er bremst noch, bevor wir in die Leitplanke knallen.

»So«, sagt er und seine Stimme zittert. »Wenn wir zu Hause sind, wird versohlt. Aber das werdet ihr euch merken. Ein für alle Mal.«

Jetzt schaut jeder aus seinem Fenster und weint.

Als wir zu Hause ankommen, hoffe ich, dass er es vergessen hat oder die Wut verflogen ist. Aber er ist gar nicht wütend, er schreit auch nicht. Er sagt: »Wer will zuerst?«

Wir treten an.

6. Westdeutsche

Ein Mann kommt in ein Dorf. Hinter einem Tor bellt ein Hund. Im Giebel geht ein Fenster auf. Für einen Moment blitzt darin das Sonnenlicht auf. Der Mann steht vor einem Benz. Die Frau am Fenster verschränkt die Arme auf einem Kissen, das sie auf die Fensterbank gelegt hat. Der Mann wartet. Er schaut zur Frau hoch. Läuft auf den kleinen, runden Platz. In der Mitte eine Kastanie, rundherum alles neu gepflastert. Er hält ein großes Mobiltelefon an sein Ohr. Die Frau am Fenster, das ahnt der Mann nur, zieht die Augenbrauen hoch. Große Augen macht man hier. Er brüllt ins Telefon: »Thüringen ist das einzige Land, in dem die Frauen No sagen und Ja meinen!«

Mit der Beiläufigkeit eines Könners bricht ein Junge den Mercedes-Stern vom Auto und läuft davon.

Sieben Jahre später erlebt Onkel Egon etwas, was ihm in 31 erfolgreichen Berufsjahren in der DDR nicht widerfahren ist. Kaum zu glauben. Wenn er normalerweise den Fernseher anschaltet und die bunten Lichter der Shows ihn und seine Frau erleuchten und die vertrauten Stimmen der Moderatoren sie umarmen, bleibt sein Leben draußen. »Läuft doch nur Dreck im Fernsehen«, sagt er gern, »aber irgendwie muss man ja den Kopp abschalten.« An diesem Abend ist sein Leben Teil des Fernsehens. Eine Flasche Rotkäppchen-Sekt, halbtrocken und kalt, wird fünf Minuten vor der Sendung mit großem Knall geöffnet. Er setzt sich auf das Sofa. Er seufzt. Er nimmt die Fernbedienung und drückt mit dem Zeigefinger auf den großen roten Knopf. Der Bildschirm des neuen Grundig-Fernsehers schnappt den MDR heran.

Prösterchen. Die Gläser klirren, es sind die Kristallgläser aus der Vitrine in der Schrankwand. Ein kleiner Schluck wird genommen, das Glas auf die grüne, reich gemusterte Tischdecke abgestellt. Sie ist neu. Ein Schnäppchen. Der Moderator hat einen Zopf. Seine Sendung heißt »Mach dich ran«, in 48 Stunden werden hier die Probleme der Bürger gelöst, also Nachbarschaftsstreit, zu wenig Bushaltestellen, marode Spielplätze oder, wie hier, bei uns im Dorf, in dem meine Mutter so viele Baugrundstücke und Bauanträge kennt, im Dorf, wo es eine Dorfkneipe gibt und der Fußballplatz bislang eine grüne holprige Fläche war, auf der unser Anwalt Hans aus Frankfurt am Main nicht gut spielen konnte, und das ein Problem war und man Probleme löst, sagt Hans jedenfalls: »Probleme löst das Fernsehen.« Onkel Egon und unser Anwalt Hans sind die erfolgreichen Macher. Der SED-Funktionär und der Westdeutsche. Sie verstehen sich gut. Sie machen was her. Sie sind wer. Und wenn Onkel Egon jetzt auf den Bildschirm schaut, sieht er sich selbst. »Da bist du, im Fernsehen. Unwahrscheinlich«, sagt Tante Rosi. »Jetzt mal den Schnabel halten«, sagt Onkel Egon. Und dann hört Onkel Egon Onkel Egon zu.

Was man in der Szene nicht sieht, ist, dass ich hinter der Kamera und dem Moderator stehe. Vor zwei Monaten.

»So, Aufnahme«, sagte der Moderator.

»No.«

»Wie heißen Sie?«

»Egon.«

»Na gut, Egon. Wie fühlen Sie sich mit dem neuen Fuß-ballplatz?«

»Gut.«

»Können Sie etwas mehr sagen?«

»Ja, gut.«

»Noch etwas mehr.«

»Ja, ja, wollte ich doch gerade.«

»Na gut. Also los.«

»Ja, also, wir freuen uns, dass wir mit vereinten Kräften und dank der MDR-Fernsehstation …«

»Das können Sie weglassen.«

»Fußballplatz ist schon toll.«

»Sagen Sie mal, dass Sie einfach glücklich sind.«

»Ich bin einfach glücklich.«

Auch die Lokalzeitung hatte die Dorfinitiative mit Berichten begleitet und Hans Müller interviewt. »Die Ereignisse überschlagen sich« war eine Überschrift.

Aber die Ereignisse hatten sich eigentlich kaum überschlagen. Hans war einfach in ein Dorf gezogen, wo es viele billige Häuser gab, denn die Zahl der Dorfbewohner hatte sich nach 1990 halbiert. Sie schwankte jetzt zwischen 102 und 99, je nach Jahreszeit, denn hier im Dorf sterben die alten Leute lieber im Sommer. Als der Anwalt ins Dorf kam, gab es einen Bevölkerungsanstieg von drei Prozent. Er kam mit seiner Frau und seinem zweijährigen Sohn. Wir lernten ihn im Sommer kennen, als er in das Bauamt meiner Mutter kam und noch auf der Schwelle erschrocken die Tür ansah und sagte: »Warum gibt es denn hier gepolsterte Türen?« Ich blickte von meinem Malblock auf. Den Panzer, in dem eine Familie wohnt, auf mehreren Etagen, mit vielen geräumigen Zimmern, hatte ich fast fertig gemalt und fragte mich, was denn so komisch war an der weißen, gepolsterten Tür und ob das jetzt was Besonderes war. Dann musste ich zum Zahnarzt.

Meine Mutter zeigte ihm in den nächsten Wochen die leeren Häuser und Grundstücke in Dasdorf und Treustedt. Und bald zeigte Hans meinem Onkel Egon und vielen anderen verängstigten Parteimitgliedern, wie man den Fragebogen zu Parteimitgliedschaft, Stasimitarbeit usw. so ausfüllt, dass man eine neue Anstellung bekommt. Egon, nicht mehr Versorgungsabteilung des Kreises, wollte in die Vertriebsabteilung von Coca-Cola.

Sie wurden Freunde, Egon und Hans. Hans besuchte Onkel Egon in der Plattenbauwohnung. Vom Küchenfenster aus habe ich sie manchmal unten neben der Klärgrube am Klettergerüst ein Bier trinken sehen. Sie lehnten an den Stangen mit dem abgeplatzten Lack – der fremde Mann mit dem beigekarierten Sakko, dem weißen Hemd, den schwarzen Locken, der Nickelbrille und einer Krawatte und der Mann mit dem Seitenscheitel, grau schon die Haare, im Mund eine Zigarette, f6 ohne Filter, der Anzug auch grau. Einmal ging ich nach unten zu ihnen und Egon fragte, ob meine Eltern da seien. »Ja, ja, die sind doch immer da, auf dem Balkon.«

Hans: »Was für ein klaustrophobisches Land. Aber du brauchst eben 'ne Mauer, wenn du anders bist. Ich meine, jetzt huldigen die hier dem wilden Kapitalismus. Und ihr redet euch ernsthaft ein, dass Kommunismus ungerecht ist und falsch. Leute!«

Egon: »Tja.«

Dann holte Hans sein Diktiergerät heraus und diktierte: »Frau Engler, legen Sie mir bitte die Akten für kommende Woche raus und antworten Sie Frau Pätzold von der Hoch-Tiefbau GmbH wie folgt: …«

Egon: »Ihr Wessis.«

Hans: »Ha.«

Oben umarmten meine Eltern Hans und Egon und redeten, und ich fragte meine Mutter: »Mama, was ist ein Wessi?«

»Es gibt keine Wessis.«

Später wurden Hans und Egon zur Tür gebracht. Wir hörten, wie meine Mutter das Schloss von innen verriegelte, wie sie die Kette vorschob und in die Küche ging.

Der Himmel war so groß wie immer, er wurde rot, orangefarben, Zuckerwattewolken zogen sich so durch. Meine Schwester und ich gingen auf den Balkon. Mein Vater saß da und rauchte. Nein, Quatsch, er rauchte gar nicht. Das bilde ich mir bloß ein. Er hatte nie eine Zigarette in der Hand. Meine Mutter rauchte Zigarren. Manchmal. Wenn Jagd oder Kirmes war. Er saß nur da und starrte vor sich hin und hob sein Bierglas, eins von den bedruckten, auf dem »Jever« oder »Wernesgrüner« stand oder ein Auto drauf war. Die wurden nur zu besonderen Anlässen aus der Schrankwand geholt und wenn Besuch kam natürlich. Birgit und ich küssten ihn auf die Wange und sagten: »Träum was Schönes.« Er sah gut aus. Er sagte nichts. Er brummte. Er hatte mit Hans besprochen, was geschehen war. Die Wende und so. Als wir ihn küssten, trat meine Mutter auf den Balkon, sie hatte auf einem weißen Tablett Bier mitgebracht und eine Flasche Becherovka und zwei kleine Gläschen. Sie stellte das

Tablett ab. Dann umarmte sie uns, küsste uns auf den Mund, und wir gingen in unser Zimmer.

In meiner Erinnerung sehe ich die beiden, wie sie in den roten Himmel schauen, wie im Kino. Ein Bussard fliegt im Kreis, bleibt in der Luft stehen und kracht im Sturzflug Richtung Erde. »Was für ein Drama jeden Tag um uns herum«, sagt mein Vater und lächelt. Ich höre die brummende Stimme von Stefan Meyer, unserem Nachbarn, und den Kindern, die noch wach bleiben dürfen, ich sehe meine Mutter ihre Hand auf die Schulter meines Vaters legen.

Die Rollläden aus braunem Papier sind heruntergezogen, und das ganze Zimmer leuchtet orange. Es ist warm und hell, und wir liegen beide in meinem Bett, weil wir sowieso nicht schlafen können. Wir hören ein Klopfen, Pfeifen, immer wieder. Klopft jemand an eine Scheibe? Pfeift da die Mutter? Eigenartige Stille. Wie im Zentrum eines Orkans. Nicht gut. Wir schauen uns an. Birgit zieht eine Augenbraue hoch. Haben wir hinter uns die Balkontür zugemacht? Also, kann es sein, dass ich die Tür von innen verriegelt habe?

Wir steigen aus dem Bett, schleichen über den Flur, öffnen leise die Tür zum Wohnzimmer. Und da sehe ich, wie sie beide an der Scheibe stehen, die Hände um das Gesicht gelegt, um hereinschauen zu können.

Mein Vater steht an der Glastür, er hämmert wie ein Bekloppter gegen das Glas.

»Andrea?«

   »Ja?«

   »Was machen wir jetzt?«

   »Scheiße.«

   Pause.

»Geh mal hin und mach ihnen die Tür auf, Birgit.«

»Bist du bescheuert? Du hast die Tür zugemacht.«

»Scheiße.«

»Scheiße.«

Ich starre den Samowar an, den Ofen, den runden Tisch, die Tapete, die ein Holzmuster zeigt, den grünen Teppich, die zwei Hibiskusbäume, die bei unserer Geburt gepflanzt worden sind. Hibiskus. Lebensbaum. Ich habe vor ein paar Jahren hineingeritzt in die Rinde von meinem Lebensbaum, darunter war hellgrünes Holz. Im Schrank verstecken? Keine gute Idee. Im Schrank wird man schnell gefunden.

Ich starre auf das Kupferbild, auf dem eine Frau mit Bogen zu sehen ist. Ich will hineinrennen, in das Bild hinein, ich brauche den Bogen, dringend, ich brauche einen Notausgang. Ich sehe mich um. Keiner zu sehen. Einzige Möglichkeit: Balkontür öffnen.

Nicht einmal eine Lüge könnte die Situation retten. Das hat man schon gelernt. Die Uhr zurückstellen bei Verspätungen, Wer-hat-Fragen sofort verneinen. Lügen lernen.

»Dann geh jetzt besser ins Zimmer und leg dich in den Bettkasten«, sage ich zu Birgit.

Sie geht. Ich gehe zur Balkontür und beuge mich, mit einem Bein schon in gegenüberliegender Fluchtrichtung stehend, nach vorn, strecke den Arm, so weit es geht, nach vorn, alles dehnt sich. Mit Daumen und Zeigefinger drücke ich die Klinke nach oben. So, offen. Rennen. Denn jetzt beginnt die Jagd. Die Wohnung ist jetzt gar nicht mehr groß.

Ein bisschen fange ich an, Birgit zu hassen. Ich bin eifersüchtig, weil sie im Bettkasten liegt und vergessen worden ist.

Und Michel schläft. Als Einziger hat er ein eigenes Zimmer. Das tut mir auch leid. Da ist man allein. Am nächsten Morgen kommt er verpennt aus seinem Zimmer. Wir treffen uns im Badezimmer vorm Spiegel und kämmen uns den Pony zur Seite.

Ich: »Ich würde gern fliegen können.«

Er: »Da müssen wir zaubern.«

Ich: »Wie?«

Er: »Da müssen wir eine Hexe fragen.«

Ich: »Wo wohnt die?«

Er: »In den Bergen.«

Irgendwann später holt uns Hans zum Rummel ab. Wir fahren mit allen Karussells, die es gibt, und Birgit muss sich hinsetzen, an den Rand einer Teetassenachterbahn, und dann kotzen. Dann gehen wir zu einer Wahrsagerin. Ein kleines, blaues Zelt hat sie, und am Eingang bekommen wir so einen Prospekt zu unserem Sternzeichen, wo hinten auch unsere Glückszahlen draufstehen. Die Zettel schmeißen wir gleich weg.

Auf einem kleinen, gesprenkelten Schild, silberrosa mit gelben Pünktchen, steht: Betty Patzig – Zukunftsmanagerin. Ein Aufsteller im gleichen Muster wirbt für ihre buddhistische Thaimassage. In einem Glaskasten vor dem Zelt Zeitungsartikel mit Fotos. Ein Horoskop kann man sich von ihr auch erstellen lassen. Vor dem Zelt eine lange Schlange, manche Leute lesen Zeitung: »Steht wieder nur Mist drin.«

Betty Patzig ist Mandantin. Zu schnell gefahren auf der Autobahn und geblitzt worden, betrunken gewesen und dann in Erfurt in einer schmalen Straße links und rechts stehende

Autos gerammt. Schaden 200 000 Mark. Wir lachen. »Betrunken kann sie nichts sehen«, sagt Hans. »Eine witzige Schlaumeierin, hat mal im Orchester gespielt, leider zu blau, wir gehen mal weiter.« Neben dem Wahrsagerzelt ist ein Losstand. Hans kauft drei Lose. »Die hatte schon vor der Wende Probleme. Total unangepasst. Komisch, jetzt ist es nicht besser geworden.« Birgit schreit kurz auf. Sie hat einen Kugelschreiber gewonnen. Sie sucht sich eine rosafarbenen Glitzerkugelschreiber aus, wo »Hoch-Tiefstapelbau« drauf steht. Wir gehen weiter.

Hans: »Da ist mit den Jahren unter der Käseglocke eine Kultur entstanden, die ihresgleichen sucht. Ein Land der Größe von Nordrhein-Westfalen hat drei Orchester. Drei Weltklasseorchester.

Die Partei hat ja weitgehend gar nicht verstanden, was da vor sich ging. Sie haben das erst gefördert und dann nicht mehr kapiert. Die Kunst ist über den Staat hinausgewachsen. Oder auch, dass durch die Verbannung einiger unliebsamer Regisseure in der Provinz teilweise glänzendes Theater entstanden ist und Einfluss hatte, ob das die Parteipolizei nun wollte oder nicht. Theater war das, mit einer wahnsinnigen Subtilität, die es bei uns gar nicht gab in der Form.

Künstler waren in der DDR die einzige Gruppe, die das machen durfte, was sie konnte. Ich kenne die DDR ja, verzeih, aber viel länger als du. Das ist altersbedingt. Und wir haben uns schon Sachen mit dieser Faszination angesehen. Da standen Leute auf den Bühnen, die für das Publikum formulierten: Schaut mal her! Wir sind gezwungen, alles unter Niveau zu machen, aber hier nicht, hier sprechen wir auf hohem Niveau. Das konnte ja niemand.«

Er geht geistesabwesend zu einem Zuckerwattestand. »Dreimal bitte, ganz groß ... So ist das ja mit den Parteikadern, mit den Spitzen, dass die im Grunde die Arbeiterklasse verachtet haben. Das haben schon Liebknecht und Luxemburg erkannt, dass man, wenn es so einen Staat geben würde, eine ganz andere Partei braucht. Die Masse in der DDR, das waren ja auch überhaupt keine Arbeiter.«

Wir halten die Zuckerwatte und bleiben noch etwas, weil es so gut riecht oder weil Hans einfach nicht weiterläuft. »Die Ingenieure«, sagt er und wedelt mit seiner Zuckerwatte, als wäre die Zuckerwatte ein Ingenieur, »waren zum Beispiel durchaus in der Lage, richtige Autos zu bauen, sie durften nicht.« Wir laufen ein Stück.

»Können wir Lose kaufen?«, frage ich.

»Nur in der Kultur, leider nur dort, fand eine einzigartige Selbstvergewisserung statt, es war auch den Kommunisten nicht möglich, sich nur auf kommunistische deutsche Kultur zurückzubesinnen.«

Er lacht. »Die gab es ja gar nicht. Also musste man die ganze deutsche Kultur erben. Man durfte die Leute da ja noch zwingen, ins Ballett zu gehen.«

»Igitt«, sagt Birgit.

»Lose kaufen?«

»Eigentlich irre, was so ein kleiner, verkrampfter Staat alles hervorgebracht hat.«

»Weiß nichts davon«, sagt Birgit.

»Ist ja auch wie vergessen. Jetzt rennen sie zu Wahrsagern und in Autohäuser. Vom Westen aus haben das auch nicht viele Leute so gesehen. Nur ganz wenige Künstler, Schriftsteller, Musiker sind überhaupt noch bekannt.«

»Wozu?«

»Weil sie gut waren, und du musst doch deine Herkunft kennen. Ich jedenfalls dachte erst, wenn ich im Osten bin, dann finde ich all das wieder. Aber es ist weg.«

So geht der Tag zur Neige und unsere Zuckerwatte auch. »So ein großer Haufen Zuckerwatte und am Ende sind's wahrscheinlich nur fünf Stücke Zucker. Erzählt das mal besser euren Eltern nicht. Wollt ihr noch einen Schokoapfel?«
»Cool«, rufen wir.

Hans dreht auf seinem neuen Fußballfeld eine Runde wie ein König durch seinen Park. Vom Spielfeldrand aus schauen die Dorfbewohner ihm zu. Sie bewundern ihn. Oft wird er zum Essen eingeladen. Die Frauen schenken ihm Sekt.

Hans ist ihr Anwalt, ihr Verteidiger, er hat sie gegen die Welt zu verteidigen. Und vor der muss man sich in Acht nehmen, von hier aus, von Osten aus gesehen. Wer hätte denn gedacht, dass es im Kapitalismus wirklich nur um Zahlen und Fakten geht und nicht um Anstand. Seit ein paar Jahren erst, vielleicht erst seit 1995, sagen die Ostdeutschen von sich selbst, dass sie eben Ostdeutsche sind, nicht Bundesbürger. So eine Verarsche sei das alles gewesen, die Wende, die Einheit. Und jetzt identifiziert man sich doch tatsächlich mit etwas, auf das man geschimpft hat damals, geschimpft und verflucht und es hingenommen, aber das nun seit sechs Jahren gar nicht mehr existiert.

Der Anwalt war auch unser Beschützer, und das machte ihn irgendwie unantastbar. Wann immer man ihn sah, hatte er Geschenke von Dorfbewohnern im Arm: Eier zum Beispiel, ausrangierte Stühle, antik, ein oder zwei sorgfältig eingewickelte und mit lockig gezogenen Geschenkbändchen versehene Flaschen, die er bei sich zu Hause aufbewahrte: »Immer Spumante, immer nur Spumante«, sagte er, und ich wusste nicht genau, was er damit meinte.

Er vertrat die großen Baufirmen, die sich hier niedergelassen hatten und um die Millionenaufträge konkurrierten. Es sind die Geschäftsführer dieser Baufirmen, die hier die großen Höfe gekauft haben und Pferde besitzen, die der freiwilligen Feuerwehr beitreten, das Spanferkel spendieren und ihren Porsche um die Schlaglöcher schlängeln.

Er vertrat den Bürgermeister, der ihn oft zum Bier einladen wollte, die Sekretärinnen und Sachbearbeiterinnen der Bauämter und Banken versorgte er mit Blumensträußen. Auf Dienstreise war er nicht allein.

Dann gehen alle in die Dorfkneipe. Lucian, David und Jule und ein paar Leute aus unserem Viertel, auch Stefan Meyer und seine Familie sind gekommen, um auf der braunen Erde einen Fußballrasen auszurollen. Wir gehen in die Kneipe. In der Dorfkneipe wird schon getanzt. Jemand gibt uns ein Halbliterglas Bier. Wir schütten es runter. Mit einem Tempo wie unbeaufsichtigte Schüler auf Klassenfahrt. Wir sind unbeaufsichtigte Schüler. Wollen wir tanzen? Wir tanzen. Unbeholfen. Sofort heftig schwitzend. 99 *Luftballons*. Auch Nirvana, später. An der einen langen Tafel, die es gibt, reden die Alten sich die Köpfe rot, als gäbe es Kriegsgefahr.

Unter dem Druck einer als feindlich empfundenen Welt legte das Dorf alle wichtigen Belange in Anwaltshände: Verantwortung, Vermögen, Freizeit. Das Eindringen des Westdeutschen war als Aufwertung empfunden worden. Er passte auf sie auf. Denn draußen war der Feind, und der glaubte jetzt sogar Stasiakten. Das müsse man sich überhaupt einmal vorstellen: Nun werde der Stasi geglaubt. Alles, was die kritzelten, würde wahr werden, Wahrheit sein. Die Stasi! Wer keinen Täter nennen konnte, musste selbst einer sein, und wer nicht einmal zum Täter ernannt wurde, hatte ja gar keine Geschichte, jedenfalls keine interessante. Zwei Fragen galt es einander zu stellen: Hast du eine Akte? Warum nicht?

Die Stasiakten werden gehandelt wie Wertpapiere. Sie sind der Seismograph einer Karriere und unantastbar, wie von objektiven, uneigennützigen Beobachtern verfasst. Als sei die Stasi eine Protokollstelle gewesen. Aber es waren Verbrecher, Unterdrücker, und zwar kraft der Information.

In der Dorfkneipe schüttelt der Wirt hinter dem Tresen den Kopf: »Kaum zu glauben, holt der Hans hier das Fernsehen her. Das kann nicht sein. Kann man sich einfach nicht vorstellen. Wo gibt's so was? Einfach so einen neuen Fußballplatz.«

Hans setzt den Bierkrug an und schluckt, gluck, gluck, gluck, gluck, gluck, seufz. »Wisst ihr Ossis was? Ihr denkt immer nur ans Verlieren. Kein Wunder, dass ihr alles verloren habt, in euren Köpfen gibt es so etwas wie Gewinnen nicht. Ich habe manchmal das Gefühl, dass Erfolg überhaupt niemals in Erwägung gezogen wird. Ihr habt Angst vor dem Risiko und riskiert damit alles.«

»Wir haben nur keinen Bock, die gleichen Arschlöcher zu sein wie ihr«, sagt der Wirt.

»Ich bin kein Arschloch.«

»Nööö, also der Hans ist kein Arschloch, das kannste so nicht stehen lassen.«

»Das Bier ist zu warm«, sagt Hans.

»Komm, wir fahren in die Stadt und besaufen uns«, sagt Jule. »So langweilig.«

David und Jule haben beide einen Simson-Roller, der es bei freier Fahrt auf 55 Stundenkilometer bringt. Im Sommer kleben kleine Fliegen am Visier. Wir fahren durch die Nacht, über die Landstraßen, durch Kastanienalleen oder über das Kopfsteinpflaster vor der Einfahrt nach Buchenwald. Wir rasen durch die Goetheallee, an der Post und am russischen Friedhof vorbei, bis ans andere Ende der Stadt, und da setzen wir uns irgendwohin und haben vergessen, etwas zu trinken zu kaufen. Wir steigen auf den Roller, es geht weiter, dann stehen wir auf dem Marktplatz und gehen in den C-Keller, gleich rechts neben dem Hotel Elephant, da ist immer wer, Punks, Studenten, da kennt man alle, da trinken wir eine Vita Cola und Bier. Dann gehen wir in die Gerberstraße, da gibt es ein besetztes Haus, da ist es richtig abgefuckt, da kostet ein Teller Spaghetti 2 Mark 50, wenn man hochgeht, gibt es Matratzen, auf denen liegen zwei Heroinjunkies. Wir treffen einen komischen Typen, der verkauft uns Pilze. Essen, Wasser trinken. Wir gehen auf die Straße, eine runde Mülltonne brennt, Punks sitzen auf Bierbänken drum herum und Frauen in Hanfkleidern und Perlen im Haar.

Die nächsten Monate sind genauso wie die letzten. Geographie haben wir bei Frau Schreck, sie träumt davon, mit dem Motorrad durch die USA zu fahren, mit ihrer Mutter. In Geschichte wird ein Ausflug geplant: »Auf nach Buchenwald.« Sagt Herr Stubendorff. Wir stöhnen.

»Andrea, du bereitest bitte mit David zusammen einen kleinen Vortrag vor.« Ich bin beruhigt. David ist ganz gut darin. Jedenfalls seit er ein Referat über Kafkas *Verwandlung* verhauen hat, weil er die ersten zwei Seiten übersprungen hatte, weil da ja nie was passiert. Bis zum Referat hat er sich über die Geschichte gewundert. »Samsa, was ist eigentlich dein Problem?« Das fand ich ganz interessant, denn sonst begreift jeder, dem nicht alle Hirnzellen verbrannt sind, dass es Käfer in dieser Welt nicht gut haben. Ungünstig, wenn man sich in einen verwandelt. Weil es eine Metapher ist, hat die Verwandlung aber offenbar dann doch nicht stattgefunden. Ich würde gern einmal zurückspulen und das Buch das erste Mal lesen, und zwar ab Seite drei. Das Problem eines Außenseiters ist doch nicht, dass er sich wie ein Käfer fühlt. Denn die Gesellschaft denkt da nicht an Kafka, denkt nicht so romantisch, denkt nicht, dass hier einer irgendwie anders ist. Man denkt eher so: »Samsa, reiß dich zusammen.«

Der Platz ist übersichtlich. Egal, wohin man läuft, fluchtartig irgendwohin, wo nichts ist. Was sollen wir uns angucken, wo bekommen wir die Horror-Holocaust-Show? Ist doch nichts hier. Zerstreuung. »Hier das ist der Appellplatz und da, umdrehen, sind die Baracken gewesen.« Nichts mehr, worauf zu zeigen wäre. Kies, grau, der Himmel hängt tief. Als wäre der Berg so hoch, dass man mit dem Kopf an den Himmel stoßen könnte. Appellplatz und die Häftlingsbaracken sind eines. Nur kleine Schilder zeigen auf die längst abgerissenen Baracken.

Unter den Mädchen wird die total beliebte Mengele-Literatur besprochen. »Ja, weißte noch, wie die denen die Haut, Zähne, krass, ne?« Ich bekomme einen Zettel: »Hi, wie wär's mit uns? Was machst du am Nachmittag?« Kein Name drunter. Herr Stubendorff erzählt von der Hexe von Buchenwald. Sie habe rote Haare gehabt. Täglich sei sie durchs Häftlingslager geritten und habe tätowierte Männer als Lampenschirme ausgesucht. Ich stelle mir eine Frau mit brennenden Haaren auf einem schwarzen Ross vor, das Haizähne hat. Einige schreiben fleißig mit. »Was, was? Hat er Tattoo gesagt? Welche Haarfarbe hatte die?«

»Sag mal, Anika, seh ich das richtig, dass du dir 'ne Zigarette anzündest?« Herr Stubendorff ist ungehalten.

»Hä, was?«

»Mach sofort die Kippe aus.«

»Darf ich noch einmal ziehen?«

»Was?«

»Boah, das bisschen Rauch stört hier bestimmt keinen mehr.«

»Der Rauch«, das hören wir den Leiter der Gedenkstätte einer von einem dicken Parfumschleier umhüllten Rentnergruppe sagen, die da gerade und gesund und vor allem recht schlank auf dem Appellplatz steht. Perlenketten sind zu sehen und Seidenblusen und weiße Turnschuhe. »Der Rauch«, sagt der blasse Leiter, »drückte auch schon ins Tal und Ruß war auf den Straßen. Am Ende versagten hier die Krematorien, weil so viele Leichen verbrannt werden mussten. Die sind mit Transportern nach Weimar gefahren worden, und da fiel schon mal eine Leiche auf die Straße … Mach sofort die Kippe aus, Anika. Sofort, hab ich gesagt. Weg damit! Das darf doch nicht wahr sein. Du bist im Konzentrationslager!«

»Ach ne!?«

»Ich würde dich gern küssen«, sagt David. Wir küssen uns als sei es das erste Mal.

Die Sonne scheint. Der Wald rauscht. Im Ethikunterricht hat die Klasse einmal darüber abgestimmt, welche Regel, welcher Leitsatz dem Menschen am besten steht. Heraus kam: »Jedem das Seine.« Jedem das Seine, das sei eigentlich ein richtiger Satz. Jeder bekommt das, was er braucht. Ich habe vergessen, wie das Gegenteil von »klaustrophobisch« heißt, aber so fühlt es sich in Buchenwald an. Man kann sich nirgends verstecken. Nur ein großer, weiter Platz. Jedem das Seine. Als die Sonne hinter den Wolken hervorkommt, denke ich: Ist nur die Frage, wer das entscheidet.

»Und dann kamen die Russen und haben uns befreit«, beschließe ich einen kurzen, improvisierten Vortrag.

Herr Stubendorff nimmt mich zur Seite: »Die Alliierten haben Buchenwald befreit. Das ist aber nicht schlimm, weil, wir haben das ja alle so gelernt, dass die Russen eben kamen. Und uns alle befreit haben.«

»Die, ähm, na, die Engländer haben Buchenwald dann befreit.«

»Danke für den kleinen Vortrag, schade, dass deine Mutter nicht hier hochkommt, die hätte uns sicher spannende Geschichten erzählt.«

»Bestimmt. Aber sie kommt nicht hierher. Niemals.«

Eine Gruppe Asiaten verlässt das Krematorium und läuft Richtung Ausgang. Sie fotografieren nicht mehr viel. Sie gehen an unserer Schulgruppe vorbei und lächeln und bleiben stehen und hören etwas unserem Lehrer Herr Stubendorff zu, der dadurch noch einmal Fahrt bekommt und etwas lauter seinen Vortrag über die Hexe von Buchenwald spricht. Es schaudert alle. »Wie fanden Sie es denn hier?«, fragt der Lehrer in die Gruppe der Asiaten hinein. »Schön, sehr schön ist es hier«, sagt eine Frau in gebrochenem Deutsch. »Woher kommen Sie?«, fragt sie.

»Na von hier«, sagt David.

»Aus Weimar«, sage ich.

»Ach wirklich? Ihr zwei seht gar nicht so aus.«

Ich schaue David an. Er schaut mich an. Er zieht die Hose etwas hoch. Ich klopfe einen Fussel vom Pullover.

Einige Wochen später betritt ein Mann das Klassenzimmer. Er hat einen grauen Anzug an und ein weißes Hemd. Er ist groß und schlank und hat eine Frisur. Er sagt, er kommt von der Friedrich-Naumann-Stiftung und wir können hier unsere Adresse eintragen, und dann bekommen wir Informationsbroschüren darüber. Heute sei er gekommen, um uns über die DDR aufzuklären. Unsere Klassenlehrerin nimmt in der ersten Reihe Platz.

»Wer kennt die Stasi?«

Drei melden sich. In den nächsten zwei Stunden hören wir, dass an der Grenze Menschen erschossen wurden. Das wusste ich nicht. Er berichtet von zwei Jungen, die die bescheuerte Idee hatten, nachts mal an die Grenze zu laufen, um einfach mal zu gucken, was da so los ist. Einer von ihnen wurde erschossen. Es gab Selbstschussanlagen und Abhörmethoden. Irgendwie sind alle geschockt. Mehr über die Tatsache, dass es uns keiner so deutlich gesagt hat bisher. Es war so peinlich, dass wir später so taten, als wäre das alles nichts Neues gewesen. Aber unsere Lehrer haben wir ab dem Zeitpunkt anders angesehen.

Er schließt seinen Vortrag: »Wenn auch noch in zehn Jahren kein Schulunterricht die Vergangenheit der DDR behandelt hat, dann hat die DDR für diese Generationen nie existiert.«

Hans sehe ich erst viele Jahre später. Er rief mich an und sagte mir, dass es einen Skandal gebe, den ich mir schon aus Unterhaltungsgründen unbedingt ansehen müsse. Es ist der 1. Juni. Bei meiner Mutter hole ich zuerst mein Kindertagsgeschenk ab (darauf bestehen wir alle gleichermaßen, auch nach Volljährigkeit). Bis heute gratuliert mir nämlich meine Mutter zum Kindertag. Das ist also der 1. Juni. Ich kann mich an den Kindertag besser erinnern als an meine Geburtstage. Die Geschenke sind klein, besonders und praktisch. Fußball, Technokassette, Werkzeugkoffer. In diesem Sommer fahre ich nach Weimar und bekomme den alten Samowar, den mein Vater aus Russland mitgebracht hat. Ich habe darum gebeten, auch aus Angst, er würde irgendwann weggeworfen werden. In meiner Wohnung in Berlin gibt es keine Küche. Ich kann nicht kochen, außer Tee und Kaffee. Ich nehme den Samowar und fahre dann wieder in die Innenstadt, dort warten Hans und Onkel Egon auf mich. Sie hassen sich inzwischen. Wenn sie sich sehen, der Frauenschwarm aus dem Westen und der ehemalige Funktionär, ist es, als würden sich Terminator und X-Man treffen: Jede Liebkosung kann auch ein Tötungsversuch sein. Aber heute sind sie eine Fahrgemeinschaft. Denn im Osten, habe ich jedenfalls oft erlebt, wird eine persönliche Beziehung den äußeren, praktischen Zwängen untergeordnet. Und das, obwohl sie es zusammen geschafft hatten, das Land neu zu ordnen. Hans und sein schwarzer E-Klasse-Mercedes mit beige-, also champagnerfarbenen Ledersitzen, weich, zugemüllt mit dicken Kommentarbänden zur Straßenverkehrsordnung, Schriftsätzen, Leitz-Ordnern, Pappkartons von McDonald's (Big Macs, die wir vorhin beim Drive-in bestellt haben, lachend, große Coke). Es riecht seltsam (kommt vom Big Mac, nehme ich an). Alte Milchpackung unterm Sitz, checke das Ablaufdatum, schiebe die Packung wieder unter den Sitz. Auf dem Rücksitz: drei gebügelte weiße Hemden, eine geplatzte Packung Druckerpapier, ein dunkelblaues Sakko mit goldenen Knöpfen. Zusammengenommen: niedliches Chaos. Schönheit. Bernie trägt den Samowar wie eine Zuckertüte und sitzt hinter dem Beifahrer zwischen den Papierbergen, halb auf einer leeren braunen Papphalterung für zwei Coffee-to-go-Becher. Er beobachtet den Tachometer. Unser Ziel ist ein Dorf, das zweimal am Tag von einem Bus angesteuert wird, morgens 6 Uhr 30 und am Abend um 18 Uhr 30.

Heute ist Sonntag, und am Sonntag fährt der Bus gar nicht. Hans nimmt auf dem Beifahrersitz Platz und zündet sich umständlich eine Zigarette an. Bernie fordert, das Fenster zu schließen, ihm zieht's. Er hustet und schlägt den Kragen hoch.

Damit jeder sehen kann, dass die luxuriöse Luxusausgabe der Luxusklasse von supercoolen Leuten gefahren wird, leg ich das linke Bein über das Armaturenbrett. Und draußen fährt der wilde Osten vorbei. Neben mir mein Anwalt. Was machen wir, wenn wir angehalten werden? Ob ich schon davon gehört habe, fragt Hans, dass das Universum in zwei Milliarden Jahren zusammenkrachen werde. Dann sei sowieso Sense.

»Weißt du, worum es heute geht?«

»Ne. Ja. Nicht so richtig.«

»Mein Freund, der Fürst Dingsbums, mit dem ich übrigens in Göttingen ...«

Hans erzählt von der Inneneinrichtung des Fürstenschlosses und wie der damals noch Prinz von und zu Dingsbums ihm einen ganzen Nachmittag lang vorgeführt hat, wie man auf einer Chaiselongue zu liegen habe, welches Kissen den

Nacken und welches den Arm optimal stütze. »Das klingt vielleicht nach enormer Langeweile«, sagt Hans und schaut mich vorwurfsvoll von der Seite an, aber was wolle man machen mit so viel Schloss und, ja, die Ehe, man lasse sich zwar gegenseitig beschatten, sei aber von den Ergebnissen inzwischen auch gelangweilt. Sie sei ja auch eine Schlampe. Die Leidenschaft für eine Chaiselongue, die habe er teilen können. Um es abzukürzen: Ob ich noch zuhöre. Ja! Ob wir den Fürsten mal gleich anrufen sollten. Nicht unbedingt.

Er wählt am Display im Armaturenbrett (Brett? Leder und lackiertes Wurzelholz natürlich). Es tutet. Kein Prinz. Auch kein Fürst.

Hans, der Anwalt unseres Viertels, ist bei den Frauen inzwischen noch begehrter. Seine Scheidung ist so langsam durch. Einmal habe ich bei einem Grillfest beobachtet, wie Elisabeth Schneider mit ihm ins Paradies ging. Nach 20 Minuten kamen die beiden wieder zurück. Niemand hat je erfahren, was in den 20 Minuten passiert war. Hans hat das Fernsehen geholt und gezeigt, wie in unserem Viertel ein Sportplatz entsteht, innerhalb eines Tages, Hans geht noch immer gern zum Kiosk und trinkt mit den Männern dort Bier und Schnaps. Er achtet darauf, extrem gut angezogen zu sein. Er hat die Hälfte seiner Mandanten verloren und die andere Hälfte ist pleite. Es sind die großen Baufirmen, die nicht nur ihren Anwalt nicht bezahlen, auch Tischler und Maler und was bei einem Haus noch so nötig ist. Wenn man mit ihm sprechen will, erreicht man ihn selten. Fast alle Verfahren hat er verloren, wir lieben ihn trotzdem. Er ist alt geworden.

Als ich umständlich am Schloss parke, sehe ich die ersten Glühwürmchen in diesem Jahr. Der Gemeindesaal ist voll.

Alte Männer, meist Bauern mit Schiebermützen und Blicken wie von hungrigen Bären, sitzen vor einem Rednerpult. Der Prinz steht in einer Ecke, er hat zwei Sekretäre, einen Notar und einen Anwalt mitgebracht. Es gibt schon einiges Geschrei im Publikum, die Diskussion geht los, noch bevor der Bürgermeister zu reden beginnen will. »Soll es denn, liebe Genossen, wieder eine Feudalherrschaft geben«, ruft einer aus dem Publikum, »in der wir Bauern unterdrückt werden? Wir wollen hier keinen Adel. Das Schloss ist unsers.« Das sind, in etwa zusammengefasst, die Worte, mit denen das Publikum den Abend einleitet.

»Nun is ma gut. Ruhe, meine Herren«, sagt der Bürgermeister. Er habe ein paar Probepackungen Cornflakes mitgebracht, die würden nun erst mal verteilt werden. Er dreht sich um, denn Hans, der Prinz und ich sitzen hinter ihm, und er sagt: »Cornflakes, das ist so ein guter Eisbrecher.«

Der Bürgermeister räuspert sich und spricht wieder zum Publikum. »Ja nun, wir wollen ganz ruhig miteinander reden.«

»Es ist genug. Uns steht's bis hier. Das ist Enteignung!«, ruft einer aus der Menge, nicht zu orten. Egon setzt sich händeschüttelnd zu den Bauern.

Ich suche mir einen Platz, gehe an der Schrankwand entlang, die im Gemeindesaal steht. Silberne Pokale und Kelche stehen darauf. Ich ziehe im Vorbeigehen den Zeigefinger der linken Hand darüber und wische ihn an meiner Hose ab.

Weiter hinten im Saal stoße ich auf ein Bild von Erich Honecker. Was hat sein Bild, und zwar das Porträt mit hellblauem Hintergrund, mit den blassen Farben, wo Hemd und Gesicht verschmelzen, hier zu suchen? Es hängt über einer schönen lackierten Biedermeier-Kommode. So ziemlich auf Augenhöhe. Ich sehe dem Mann direkt in die Augen. Das sind die Augen, denke ich, die in diesem Moment einen Fotografen sehen. Das Gesicht ist völlig ausdruckslos. Es wirkt künstlich. Denkt einer in so einem Moment? Was? Es ist unheimlich. Einige Flecken unbestimmter Herkunft liegen auf seinem linken Brillenglas. Es gab eine Zeit des Sozialismus, da hatte er so etwas wie Glanz. Glamour, wenn man so will. Da besuchte Margot Honecker Paris, trug Ballkleider und ging in die Oper. Glamour hat für mich nichts Künstliches. Aber dieses Bild von Honecker ist künstlich. Ein Mann starrt in die Kamera, völlig ausdruckslos, total neutral, total tot.

»Sie haben hier was vergessen«, sage ich zu einem der Männer.

»Ne, ham wir nicht vergessen.« Er lacht. »Das ist so ein Scherz, die Gäste finden das immer lustig, kommen ja viele von drüben.«

Das ist Ironie im Osten. Wie im Zoo. Er zeigt mir einen Trabi-Schlüsselanhänger. Ob ich einen kaufen will. Ne, danke. »Wird sonst viel gekauft. Vor allem junge Leute mit Turnschuhen. Aus Bochum und so.«

»Das Schloss wird nicht verkauft«, brüllt Egon, was sonst gar nicht seine Art ist. Die Fenster sind geschlossen. Es wird heiß und laut im Saal. Das Publikum hebt die Fäuste. »Weg mit dem König.«

Nach dieser Versammlung, die im selben Ton noch eine Weile so weitergeht, stehen Prinz, Hans und ich draußen. Rauchen. Ich muss die ganze Zeit auf die Krawatte des Prinzen schauen, die zur Hälfte in der Weste steckt. Darauf sind Rosen, weiße und rote auf dunkelblauer Seide. Nie seither eine schönere gesehen. »Die Stadt hat gerade von ihrem Vorkaufsrecht Gebrauch gemacht«, sagt Hans, »Und die Bauern hier schießen das Geld vor. Plötzlich. Arschlöcher.«

Der Bürgermeister huscht an uns vorbei, er öffnet die Tür seines silbergrauen Audis und ruft uns vom Parkplatz zu: »Komme nie mit leeren Händen, bleibe nie länger als zwei Minuten.«

»Er will richtig in die Politik gehen«, sagt Hans.

»Hätte ein schönes Weingut werden können, wir probieren es weiter«, sagt der Prinz.

Eigentlich verfällt das Schloss schon eine Weile. Es befindet sich in keinem guten Zustand. Ein schlechtgehendes, schlechtes Wirtshaus ist in das Erdgeschoss hineindekoriert. Schön ist nur die Fassade, im Innern des Schlosses bröckelt der Putz von den Wänden. Die Steintreppen sind so abgenutzt, dass man darauf Ski fahren könnte, abschüssiges Gelände. Die oberen Etagen sind kalt und leer. Der Prinz, aus einem alten Fürstentum in Niedersachsen stammend, stand kurz vor dem Abschluss eines Kaufvertrags, um ein Weingut, ein anständiges Restaurant und die notwendigen Renovierungen in Gang zu setzen. Aber plötzlich hat sich Widerstand geregt. Das Gut, bisher im Besitz der öffentlichen Hand, wollte niemand kaufen. Die Kosten sind sehr hoch. Auch ein schöner Park ist dabei, schlecht gepflegt, aus dem 18. Jahrhundert. Hans besichtigt die erste Etage und überlegt, seine Kanzlei in das Schloss zu verlegen. Den Wirt des Restaurants nennt er einen besonderen Menschen und meint damit einen, der viel trinkt. Wir sitzen noch eine Weile mit ihm zusammen. Er erzählt, dass die Bauern hier die eigentlichen Wendegewinner sind. Alles ehemalige

LPG und sonst was SED-Wursthändler. Haben das Land nach der Wende aufgeteilt.

Man sehe es ihnen ja nicht an. Aber denen gehöre hier alles. Die schimpften auf den Wessi und dabei gebe es hier weit und breit keinen Wessi. Jeder Zweite sei hier Millionär. Im Handelsregister könne man das nachsehen, wie viele hier stille Gesellschafter seien, immer mit mindestens 50000 dabei. Das Schloss kauft die Stadt nicht mit eigenem Geld. Es ist das Geld der Bauern. Wie viel Schotter hier liege, das wolle man gar nicht wissen. Die verhinderten, sagt der Wirt, dass etwas Anständiges mit dem Schloss geschehe. Traurig.

Der Prinz prostet mit einem großen gezapften Pils dem Wirt zu. Cheers.

7. Glaube

Zu Gott fällt mir nichts ein. Ostdeutschland ist aber voll von Kirchen. In der Grundschule wurden Zettel verteilt. Zwei Drittel der zweiten Klasse, es war 1993, kreuzten an, evangelisch zu sein. Man hätte noch »katholisch« ankreuzen können oder »gar nichts«. Für »jüdisch« war kein Kreuzchen vorgesehen. Ich glaube, weil niemand geglaubt hat, dass es hier noch Juden gibt. Und ohne Kästchen, auf dem man ein Kreuz machen kann, gibt es sie dann auch nicht. Meine Mutter hat das der Klassenlehrerin gesagt, und die hat gesagt, dass ihre Kinder dann am besten den »Ethikunterricht« besuchen sollten. Damals hatte ich keine Ahnung, warum meine Mutter ein Kästchen für die Juden auf dem Zettel vermisste, sie erzählte es uns erst viel später. Da nur die Familie meines Vaters in Erscheinung trat, war das, was ich wusste, dass dieser Teil der Familie in Kirchen rennt. Zu Weihnachten hauptsächlich.

Und es gibt Volkshäuser. Da feiern wir Fasching, Kirmes mit Tanzkapellen, das, was »noch erlaubt« ist. Heute gibt es Jugendweihe. Wir sind 14 Jahre alt. 1999. Am Morgen lege ich die einzige Schallplatte auf, die ich besitze, auf einem aus Sentimentalität gekauften Plattenspieler. Die Platte ist aus der Stadtbibliothek ausgeliehen. Unsere Englischlehrerin Dr. Andrea Linhart hat uns auf Janis Joplin gebracht. Sie liebt Janis Joplin. Wir haben *Summertime*, *Mercedes Benz* und *Bobby McGee* ein ganzes Jahr behandelt. Leistungskurs. Auf dem Lehrplan stand es nicht. Janis Joplin.

Meine Mutter möchte *Mercedes Benz* und *Summertime* auf eine Kassette überspielt haben. BASF-Kassetten sind die besten. Ich mache für alle Mixtapes: hauptsächlich Hendrix, Joplin, Cash. Rest vergessen. Knüpfe an eine Zeit an, die ich verstehen kann. *Take another little peace of my heart …*

Und vor dem Volkshaus, groß, grau, Grabstein, stehen Mädchen in Ballkleidern und daneben, eigene Gruppe, dünne Jungs in Anzügen mit breiten Schulterpolstern, als hingen sie noch am Bügel. Ich trage ein cremefarbenes Kostüm aus dem Otto-Katalog, 70 Mark. Meine Schuhe sind golden und haben Klettverschlüsse, Reno, 20 Mark. Die Strumpfhose hat eine Laufmasche. Das ärgert mich. Bitte seht mir nicht an, woher ich komme. Lasst mich fortgehen aus der Jugend. Lasst mich in Ruhe. *Try just a little bit harder.*

Immer wenn ich in einen Supermarkt ging, wurde ich von einem Ladendetektiv verfolgt. Ich fühlte mich schon durch den Umstand beschämt. Ich konnte mich auch nicht mehr konzentrieren. Einmal verfolgte mich ein Ladendetektiv von der Salatbar über den Käsestand bis zur Fischtheke. Das war in einer Karstadt-Lebensmittelabteilung, da, wo man wirklich aufpassen muss, was man kauft. Ich konnte mich nicht mehr konzentrieren. Nicht mehr rechnen. Ich musste rechnen, weil es die letzten 20 Mark waren, die ich hatte. Ich bin fast wahnsinnig geworden. Man versucht dann so breitbeinig und luftig zu laufen, wie es nur geht, wie jemand, der nichts zu verstecken hat. In der Süßigkeitenabteilung fummelte er hinter mir an den Nimm Zwei herum. Er hatte keinen Einkaufskorb und Nimm Zwei kaufte hier schon längst niemand mehr. Ich glaube, es war an einer Kühlbox, in der frische Ravioli lagen, als ich ihn angesprochen habe. »Bin ich denn so auffällig?«, fragte ich ihn. Nein, nein, sagte er, alles ganz zufällig, Einbildung. Ich glaube, er war neu. Jedenfalls dachte ich, dass ich ihm gern eine reinhauen würde, einfach nur weil er mich für so dumm hielt, einerseits, andererseits, weil er offenbar dachte, dass ich nicht weiß, was ganz unten ist. Dass ich wegen meiner billigen Turnschuhe und des grauen Fruit of the Loom-Kapuzenpullovers der Prototyp eines Diebes sei. Ich hatte Angst, es wirklich zu sein. Ich wollte besser sein. Ich wollte nicht von einem Ladendetektiv verfolgt werden. Vor allem dann nicht, wenn man wirklich konzentriert rechnen muss, was man kauft. Ob das der Grund ist, warum man sich auf Markenklamotten verlässt? Der Ladendetektiv verfolgt einen dann nicht, nehme ich an.

Es ist April 1999, ein Nachmittag, an dem der Nebel verschwindet, weil es jetzt regnet. Das Volkshaus ist auf einem Hügel gebaut. Warum auch immer. Drum herum Felder. Von den oberen Stufen der Treppe schaut man in das Tal, ein Dorf, rote Dächer, etwas weiter ein Kirchturm, alles normal.

Ein Bus hält vor dem Eingang, Türen auf, Türen zu, niemand steigt aus, niemand ein. Wer sollte hier aussteigen, also dort einsteigen, um hier auszusteigen, wo es nichts gibt außer der Bushaltestelle? Trotzdem fährt dreimal täglich ein Bus hier hoch. Jedenfalls: Die Bushaltestelle ist neu, aus Glas.

Busfahrer sind hier entweder auf eine geisteskranke Art unfreundlich oder depressiv. In unserem Schulbus hat der Fahrer einen Zettel an die Schutzscheibe hinter seinem Sitz geklebt, auf dem in Regenbogen-Clipart-Typo zu lesen ist: »Das Leben ist nicht nur schlecht, es hat auch seine Schattenseiten.« Da starrt man morgens drauf und überlegt, ob der Satz Sinn ergibt, und darf dann in die Schule. Zynismus wird oft mit Intelligenz verwechselt. Und die neuen Bushaltestellen sind doof. Egal.

Da kommt Frau Reiher. Sie ist klein, trägt ein graues Kostüm. – »Wir sehen hier das Modell Jasmin, ein elegantes Kostüm im Arbeiterlook für die vielseitige Frau, pflegeleicht elegant. Auch Sie können frühlingsfroh aus der Spezialverkaufsstelle HO Stalinallee, Berlin, herauskommen. Nur … hineingehen müssen Sie erst einmal.« – Jugendweihe ist nichts für Atheisten, es sei denn, Atheisten feierten mit Kinderchor und Blaskapelle im Volkshaus ihren Eintritt in den Atheismus, und das tun sie ja nicht. Soweit ich weiß.

Im Volkshaus wohnt die DDR, deren Vergoldung mit Fernsehshows und lustigen Büchern gerade erst begonnen hat. Inzwischen hat sie die Fata Morgana eines süß-unbeholfenen Staates, in dem es keine Bananen gab. Was mich betrifft, interessiere ich mich ausschließlich für das Geld. Das bekommen wir von den Verwandten, die zahlreich eingeladen sind. Was aber überhaupt nicht einleuchtet, ist die Tatsache, dass die Jugendweihe als ein sozialistisches Ritual überlebt hat, dass sich aber kein Schwein für den Schriftsteller Peter Hacks interessiert oder wenigstens für Filme wie *Paul und Paula* oder Filme von Konrad Wolf. Solche Sachen sind wie vom Erdboden verschluckt, und ich selbst bin da nur durch Zufall drauf gestoßen, weil um 2 Uhr morgens mal im MDR so eine Doku lief.

Nadine sagt: »Ich hab die Tarotkarten dabei.«

Jacqueline sagt: »Ich hab mir geschworen, ich hör auf mit Rauchen, wenn die drei Mark kosten, dann, wenn sie vier Mark kosten und jetze sind's fünf. Hallo?«

Simon sagt: »Na, ihr Freaks. Übrigens, heute Geburtstag vom Führer. Sag mal, was sind das denn für Botten?«

Ich: »Reno.«

Christian: »Gib mal.«

Ich ziehe einen Schuh aus und gebe ihn ihm. Keine Ahnung, warum ich so dämlich bin, ich würde gern dazugehören. Christian nimmt Anlauf. Der goldene Schuh fliegt in einem wunderschönen Bogen, blitzt einen Moment in der Sonne und landet irgendwo im Acker. Lachen sich alle kaputt. Ich bin eigentlich dankbar, weil: goldene Schuhe, keine Ahnung, was ich da gedacht habe, wahrscheinlich hab ich mich auf den Rat der Verkäuferin bei Reno-Schuhdiscount verlassen. Barfuß vor hundert Menschen auf die Bühne zu gehen, das ist, wie im Ethikunterricht seine Hobbys vor der Klasse pantomimisch darzustellen. Kackepissefotzearschschwimmen? Man muss jetzt so tun, als ob man's nicht merkt.

Simon klopft Christian auf die Schulter. Simon hat keine Glatze, er hat so eine schneidige Heinrich-Himmler-Frisur, wasserstoffblond gefärbt, und trägt normalerweise Dr. Martens, eine graue Bomberjacke von Alpha Industries, Polohemden von Fred Perry und eine kleine runde Brille von Fielmann. Er ist überdurchschnittlich gut ausgestattet. Was ihn zu einer Art Anführer macht. Er ist meist gut gelaunt, und die Lehrer lieben ihn. Die meisten haben nur die Fliegerjacke von Alpha Industries. Am Tag der Jugendweihe trägt er einen cremefarbenen Anzug mit schwarzen Nähten, der nach Eisverkäufer aussieht. Der Neonazistil ist der klassischste, den man im Osten finden kann. Ziemlich teuer, gute Qualität. Jedes Jahr gleich, keine Mode, es ist eine Uniform. Der Rest kauft bei H&M oder bestellt aus dem Otto-Katalog. Fast alle haben wir die gleichen Jacken und Fruit of the Loom-Pullover. Individualität ist nur eine kurz anhaltende Fiktion. Den durchschnittlichen Neonazi gibt es nur, weil er sich anders kleidet. Meine Theorie ist, dass der Neonazi nur eine Moderichtung der Neunziger im Osten ist. Ich meine damit nicht die Extremisten und Gewaltprolls aus der Hauptschule, die jedes Jahr Demos gegen Juden und Homosexuelle veranstalten. Ich meine nicht diejenigen Glatzen, denen man ins Hirn geschissen hat, die uns am Abend mit Baseballschlägern von der Bushaltestelle an hinterherlaufen. Wir haben uns nur aus Angst in die Hosen gemacht, einen fleißigen Gemüsevietnamesen hat es sein Gehirn gekostet, das lag auf der Straße. An unserem Dorfgymnasium trägt praktisch jeder Junge mit spätestens 14 Alpha Industries. Das nimmt man genau. Billige Kopien gelten nicht. Auf den Dörfern hat das nichts mit Feindbild zu tun. Es ist erst mal nur die Randzonenmode für den Mann. Identität, die man annimmt, wenn man sie anzieht. Unsere kleinen Neonazis unter Simon haben Brillen und Wirbel am Hinterkopf. Sie mögen Mathe. Während ihre Väter immer noch den Verlust ihrer Männlichkeit im Vergleich zu ihren westlichen Pendants betonen, werden die Söhne, um gar nicht erst angezweifelt zu werden, äußerlich gewaltbereit mit Stahlkappen in den Schuhen. Mode als Verteidigung.

»So, Alter, viel Spaß aufm Acker. Den holste jetzt wieder zurück. Spinnst wohl!« Dass Simon, in seiner Bomberjacke

und mit seiner Heinrich-Himmler-Frisur, seinem Unterge-
benen befiehlt, meinen Schuh vom Acker zu holen, auf dem,
es ist ja Frühling, gerade ein zweites Mal die Gülle ausgefah-
ren wird, ist überhaupt nicht mehr merkwürdig. Ich kann es
aber immer noch nicht fassen. Seit einem Jahr geht das so.
Damals klingelte das Telefon, und meine Mutter teilte uns
mit, dass ihre Mutter tot sei. Aha. Selbstmord. Aber sie war
schon alt. Und immer schwierig. Hatte es auch schwer, als
Adoptivkind, als Jüdin, überhaupt irgendwie.

Da saßen sie: die schönen, tragischen Hünniger-Kinder,
nahmen jetzt in der ersten Reihe Platz.

Simon sitzt in Geschichte neben mir, und als der Geschichts-
lehrer fragt, wie es dazu kommen konnte, dass die Juden verfolgt werden konnten, da sagt Simon, dass die Juden halt
auch immer so geldgierig seien und ehrgeizig und man sie
an komischen Namen und an der großen Nase erkenne. Und
dann guck ich Simon an und Simon mich und Simon sagt:
»Ja, nicht du, die anderen. Also früher. Manche von ihnen.
Glaube ich.«

»Ne, Simon, das stimmt nicht.« Seine Mutter ist Deutschlehrerin, Frau Ostermann.

Volkshaus: Christian stapft im Güllefeld herum und sucht
einen goldenen Schuh. Opas rücken an, Schiebermützen-
meer, graue Anoraks, Hände am Rücken weggesteckt. Sie
sehen immer ein bisschen aus wie teilweise gelähmte Tricera-
tops. Auf dem Asphalt liegt etwas, das da nicht hingehört.
Mit dem rechten Fuß ganz bisschen Anlauf genommen und
über den Bordstein gestupst, so, is wieder sauber, Fuß auf
die dritte Stufe der Treppe stellen und mit dem Taschen-

tuch Schuh abreiben. Ordnung muss sein. Haus betrachten, guck an. Wunderschön. Was wir da wieder geschafft haben. Volkshaus, Kirche des Ostens. Es ist, als hätte der Sozialismus das religiöse Gefühl irgendwie absorbiert, und was von ihm blieb, das sind nun diese Betbrüder. Übel. Diese Schmachterei. Na gut, eines Tages werden wir wie sie sein. Ist das Leben nicht eigenartig?

Frau Reiher nennt uns Jugendweihe-Jugendliche, klingt wie ein Amtsbegriff. Frau Reiher hat das eingeführt, sie hat für alles eine Art Amtsbegriff. Jugendweihe-Jugendliche, ehrenamtlich befugt, ich verspüre den starken Wunsch, auf den Acker zu laufen und zu kotzen.

Meinem Großvater geht es auch so, er kommt deshalb nicht. Vor ein paar Jahren war Schlachttag auf dem Hof meiner Großeltern, und an dem Tag habe ich alles verstanden. Die Ostdeutschen, ihren Glauben, Morphium, wie man ein Kaninchen schlachtet und die Stasi.

Als er ganz früh am Morgen dem Kaninchen mit der Hand das Genick brach, kam ich zufällig aus dem Haus. Bemerkt hat er mich nicht. Er stand mit dem Rücken zu mir, ich konnte nur das Kaninchen sehen. Ein Bluttröpfchen hing an der Nase. Dann hat er das Tier an den rostigen Nagel gehängt: Messer, Fell am Kaninchenschwanz aufschneiden, Fell zum Kopf hin abziehen. Bauch auf, Gedärme fallen in den Eimer. Der Eimer ist grün. Rote, dicke Schnur hängt herunter, wird abgeschnitten, fällt in den Eimer. Grüner Eimer wird an die Seite gestellt. Kaninchen ganz dünn geworden. Blut krabbelt zum Gully.

»Huch«, sagte mein Großvater, als er sich umdrehte, mich bemerkte, sich dann hinunterbeugte und im grünen Eimer zu

wühlen begann. »Na, was sagst du dazu? Eine schöne Leber.«
Auf dem Land werden Tiere geschlachtet. In der Stadt werden sie gestreichelt. Auf dem Land hat das Kaninchen den Job, fett zu werden. In der Stadt hat das Kaninchen einen Namen.

Auf dem Land ist die Nacht schwarz. Nichts trennt dich von Tieren. Über den Hof rennt ein Marder und wühlt in den neuen Forsythien, Katzen. Hunde bellen irgendwo. Dann knacken die Balken. Das Holz arbeitet, sagt Opa. Scheunen mit Fachwerkmauern. Eine Festung. Morsche Balken, rostige Maschinen, altes Spielzeug, Matratzen. Herumgeschlichen, zitterndes Licht aus der Taschenlampe, etwas gefunden, vergessen, was. Draußen wachsen die Weintrauben, drinnen die Schweine. Im Sommer steigen wir auf den Heuboden, beobachten von dort den Hof, obwohl da gar nichts zu beobachten ist, die Katze vielleicht. Hinter den Scheunen die Hühner, der Gockel pickt Birgit in den Arsch. Land eben.

»Kräfte, die wir nicht kennen …« Diese Worte darf man auf dem Hof nicht aussprechen, ohne dass man von einem Hohngeschrei überfallen wird. Es gibt keine Kräfte, die wir nicht kennen. Bei dir piept's wohl.

Auf dem Bauernhof anwesend: Großvater, Großmutter, Onkel, Tante, meine Cousine Carolin, zwei Katzen, ein Schwein, sechs Kaninchen, Hühner.

Carolin hat eine Zahnspange. Die legt sie am Abend in eine rosa Plastikdose. Das ist etwas Besonderes.

Der Hof liegt in einem Dorf: Zwei Straßen, Friedhof, Kirche und eine Kneipe gibt es, mit Saal dahinter, für alles, was anliegt zwischen Geburt und Tod.

An Stalingrad, sagt mein Großvater, kann er sich nicht mehr erinnern. Auch nicht an die Gefängnisse. Er redet nicht gern darüber. An einem Nachmittag hat mein Vater am Tisch trotzdem gefragt. Er solle doch einmal den Enkeln erzählen, wie das war: Krieg, Stalingrad, Gefangenschaft. Birgit verdreht die Augen. Michel muss lachen.

»Ja, ach, nö, Peter«, beginnt er, »in Stalingrad sind die Toten am Boden festgefroren. Und als sie uns geschasst haben, sind die meisten verreckt, weil's nüscht zu fressen gab. Oder wenn du zum falschen Zeitpunkt gefurzt hast.«

»Ich glaube, das reicht«, sagt meine Mutter.

»Du, Opa, Buchenwald ist doch gleich hier hinter dem Wald, wie kann man da nichts merken?

»Aufn Buchenwald ist ja keiner hingegangen, da war was, das wusste man schon. Arbeitslager für Diebe, Kommunisten, mehr konnte ja keiner wissen, weil: Wer da in die Pilze gegangen ist und zu nah dran kam, wurde sofort gekascht.«

Dann erzählt er eine Geschichte, in der er Adolf getroffen hat. Mein Großvater war Chef der LPG. Es gibt ein kleines Bücherregal, es steht ganz weit hinten in der Ecke der Diele. Da steht ein dickes Lexikon über Abzeichen und Orden, Bildbände zu Stalingrad, verschiedene Bildbände: Bildband *Der II. Weltkrieg*, Bildband zu Adolf Hitler, Bildband *Panzer im II. Weltkrieg*, Bildband *Der Nationalsozialismus in Bildern*, daneben die Musikkassetten von den Flippers und viele CDs mit lachenden blonden Frauen, die immer Marianne heißen und ein Dirndl tragen.

Im Krieg waren nur noch Frauen auf dem Hof. Das muss schon ein seltsames Bild gewesen sein: im ganzen Dorf nur Frauen. Bis die Russen kamen.

Sie sagten, dass da endlich ihre Befreier gekommen seien. Die Deutschen müssen immer befreit werden. Also, sie sagten erst hinterher, dass sie befreit werden mussten, auf Rettung warteten vor dem Tyrannen.

Als die russische Armee gerade das Dorf befreite, da sahen die Offiziere den Bauernhof. Und zogen da ein. In die gute Stube, gaben von dort ihre Kommandos. Man habe so seine lieben Sorgen mit denen gehabt. Die Stube sei ja sonst nur am Sonntag genutzt worden. Die Russen hätten ja noch nicht einmal die Schuhe ausgezogen. Die Russen hätten alle Vorräte für den Winter aufgegessen. Die Russen hätten sich überhaupt nicht benehmen können.

Nach den Russen kam die DDR und alle wurden Kommunisten. Großvater leitete die LPG, hatte beste Drähte in die Partei. War fleißig. Aber die Kinder wurden alle getauft und am Sonntag gingen alle in die Kirche. Als der Sozialismus wieder eingepackt wurde, da gehörten meinem Großvater plötzlich Hunderte Hektar Wald, Feld, Wiese.

Wir knüpfen jetzt gern an andere Zeiten an. Deutsch? Das ist Bauhaus. Deutsch? Golden Twenties in Berlin. Deutschland? Einig Mutterland. Ausrutscher passieren.

Großmutter kommt an diesem Morgen aus dem Haus gelaufen. Ich spiele im Hof mit dem Jagdhund. Er will nicht hören. Er will nicht durch den Reifen springen. *Ball and chain.*

Sie winkt mich zu sich. Wir gehen den Hügel hinauf zum Friedhof. Es ist das einzige Ziel im Dorf, außer der Kneipe. Der Konsum hat geschlossen. Neben dem Friedhof steht die Kirche. Schlau ist das, alles auf einen Fleck zu packen. Ein Spielplatz ist da auch, der hat eine Schaukel.

Großmütter machen sich immer Sorgen. Meine Großmutter spielt Lotto. Am Abend schaut sie fern, um zu sehen,
ob sie gewonnen hat. Ganz unauffällig, während sie Großvater ein Brot schmiert und die Rinde abschneidet, weil
dem Stalingrad-Großvater die Rinde zu hart ist. Dann gibt
sie Opa eine Spritze mit Morphium und er schläft.

Auf dem Friedhof nimmt sie eine Gießkanne, füllt Wasser
hinein, schleppt sie zu einem großen Grab aus grauem Stein,
rupft Unkraut raus, gießt die Stiefmütterchen. »Wenn du
stirbst«, sage ich, »kann ich deine Kommode haben?«

Vom Friedhof geht meine Großmutter in die Kirche, um
eine Kerze anzuzünden und den lieben Gott um Gesundheit und die richtigen Lottozahlen zu bitten. Ich warte vor
der Kirche, rupfe Löwenzahn, irgendwo steht da etwas auf
Latein, das wirkt bei jedem, der es nicht versteht.

Großmutter hofft auf die Lottozahlen, und sie hofft auf
den lieben Gott, und beides bedeutet hier das Gleiche, nämlich gar nichts. Und im Ernst: Ich glaube nichts. Wer glaubt
denn? Hörst du eine Geschichte, fragst du als Erstes, ob sie
wahr ist. Ich weiß nicht, wie das ist, zu glauben. Ich würde gern an etwas glauben. Wer glaubt, ist bescheuert. Es ist
schwer, zu glauben. Würde ein Ufo auf dem Feld landen,
würden wir vorbeigehen oder wir würden glauben, bei *Versteckte Kamera* zu sein. Hey, Leute, hier verarscht uns wer.
Das Fernsehen oder das Wetter. Oder zu viel Kaffee getrunken oder sonst was. Ich denke an so etwas wie das nächste
Jahr. Wenn ich beten könnte, ich würde beten.

Als wir vom Friedhof zurückkommen, steigen meine Eltern
aus ihrem Opel Vectra aus, und Birgit und Michel sind schon
bei den Kaninchen und streicheln sie.

Es sind auch andere gekommen. Heute ist Schlachttag, da wird das Schwein mit einem Bolzenschussgerät in den Kopf geschossen, und dann wird es mit kochendem Wasser übergossen, so dass man die Borsten abreiben kann. Und dann alles so wie beim Kaninchen. Es sind aus dem Schlachthaus zwei Schlachter gekommen. Sie essen schon Kuchen. Zwei alte Männer sind da, wir sagen Onkel, sind aber nicht verwandt mit ihnen.

Meine Tante hat schon ein Buffet aufgebaut: ein Berg Schinkenröllchen, ein Berg Hähnchenschenkel, ein großer Topf Chili con Carne, eine Pyramide Hawaii-Toast, sieben Bleche Kuchen, eine Schwarzwälder Kirschtorte.

Meine Mutter sagt: »Na, das wird heute eine große Runde.«

»Ja, wir sind acht Leute. Meint ihr, das reicht?«, sagt meine Tante. »Die Mutter isst ja sowieso nichts, die geht lieber beten. Deine Tochter schleppt sie nun auch schon mit.«

Meine Tante meint, dass uns der liebe Gott nicht schützen könne, wohl aber zum Beispiel das neue Geländefahrzeug mit Stahlstangen vor der Motorhaube. Logisch. Unfälle? Da würde der liebe Gott, selbst wenn er wollte, nichts dran ändern. Und wie ihr das auf die Nerven gegangen sei früher, der Gang zur Kirche und immer singen.

Viel Wichtigeres geschah nämlich auf Erden, im Dorf, auf den Straßen: eigenes Land, Pralinen, leise Autos, Landrover und Mercedes-Benz, die auf den Hof kamen. *Oh Lord*, harte Währung, harte Fakten. Der Hof ist gleich nach der Wende modernisiert worden, aber er sieht trotzdem noch historisch aus.

Wir durften im neuen Benz mitfahren. Aber uns ist gleich schlecht geworden. Es roch nach Gummi und Reinigungsmitteln. Es wurden dann immer Kaugummis verteilt, bevor wir in eines der neuen Autos stiegen.

Die Feste werden so rauschhaft, als müssten wir etwas nachholen. Es gibt immer so viel zu essen, dass alle schon ziemlich dick geworden sind. Das neue Angebot muss man wahrnehmen, nichts unversucht lassen, für jede Neuheit aufgeschlossen sein. Schließlich hat man viel zu lange entsagen müssen und in einem Land des Wartens gelebt. Überhaupt absurd, erinnern sich die Erwachsenen schmunzelnd, dass es zwölf Jahre gedauert hat, bis ein Auto gebaut war. Dass einem schließlich beim Geknattere der ersten Fahrt die Tränen kamen und es sich anfühlte, als seien Geburtstag und Weihnachten zusammengefallen. Das kann man sich heute überhaupt nicht mehr vorstellen, wie das war. Das war im Sommer 1993, als sich das keiner mehr vorstellen konnte.

Wir essen und alle reden über Geld. Und wie schlecht die Verhältnisse sind. Es gibt drei Themen am Tisch: Geld, Angebote bei Rewe und Krankheiten. Plötzlich hat jeder Zucker. Insulin ist längst so berühmt wie Micky Maus. Und wer nicht Diabetes hat, der hat praktisch keine Frisur. Gelenkschmerzen, Atemnot, Schwächeanfälle im Sommer, pfuschende Ärzte, falsche Medikamente und unvergleichlich hartnäckige Schmerzen werden wie Motorleistungen verglichen.

Mein Vater sagt, dass der Mangel nicht nur schlecht gewesen ist, dass Überfluss und zu viel Konsum blöd und faul machen und dass wir nur dafür gut sind, Geld auszugeben für Quatsch, den niemand braucht und der sich obendrein durch schlechte Qualität auszeichnet. DDR, das sei Vorfreude als Dauerzustand gewesen. Warten, ohne zu wissen, ob es sich lohnt – das sei doch wie Weihnachten gewesen.

»Ach Peter«, sagt seine Schwester und zieht den Namen in die Länge, als müsse sie ihn über den Tisch reichen, »das ist doch gar nicht wahr.« Mein Vater verliert in drei Sekunden zehn Kilo Gewicht. Er hat nicht recht.

Jeder stochert auf seinem Teller, und es ist eine Weile still, bis meine Tante sagt: »Aber wir haben jetzt eine Fritteuse. Rommelsbacher FR 1.«

Nachdem das Schwein geschlachtet und Wurst gekocht war, saßen wir wieder am Tisch, und es gab ein neues Buffet. Der alte Nachbar von gegenüber war dazugekommen. Es wurde sich nach Gesundheit und Wohl der Kinder erkundigt und nach den Geschäften. Er habe sich ja nun selbständig gemacht und verkaufe ja nun »über tausend Computerschriften«. Foelkel war ohne Zweifel ein sehr schlechter Unternehmer, das schwerfällige A, das er vor seinem Haus über einer Sandsteinmauer aufgestellt hatte, ragte zwei Meter in die Luft und leuchtete in der Nacht. Der breitbeinige Buchstabe stand da, ein Koloss von Rhodos, und außer den Nachbarn hatte von seinem Geschäft noch niemand gehört.

Meine Tante verließ den Tisch, sie sorgte sich um den spezifisch ländlichen Dorfcharme, den sie bedroht sah von einer großen Leuchtreklame. Aber heutzutage darf man ja keinen mehr zu etwas zwingen.

Jetzt stehen wir schon brav auf der Bühne, und Frau Reiher sagt noch kurz ins Mikrofon, dass wir nun Abschied nehmen müssen von der schönen Kindheit und dann mal los ins Leben und noch irgendeinen Quatsch, für den sie ausgepeitscht werden sollte.

Und dann sehe ich das, was ich am Sozialismus wirklich liebe. Drei gigantische Kronleuchter, an denen Hunderte Glasstäbchen hängen, könnte auch eine optische Täuschung sein, damit muss man rechnen. Im Osten ist die Holzwand dann doch nur Tapete, der Marmorboden aus Stein und Wollpullover aus Man-weiß-es-nicht, etwas, das kratzt und Allergien auslöst. Der Kronleuchter ist schön. Das Schönste daran ist, dass man nie nah genug herankommen wird, um zu sehen, ob es wirklich Kristalle sind oder Glas oder Plastik. Egal. Hauptsache, es funkelt. Wir sind jetzt sozialistisch getauft. Auf der Urkunde, die wir bekommen, steht in Fraktur »Urkunde«, kleiner gedruckt der Name, darunter Fantasiestempel, krikelkrakel, fertig.

Vor ein paar Tagen standen zwei schöne Frauen vor mir in der Fußgängerzone, ich war mal bei Pimkie drin, und als ich rauskam, standen die da und fragten, ob ich schon mal über Gott nachgedacht hätte. Tja, Gott, also Gott, ja, noch gar nicht so richtig, sagte ich, nachgedacht jedenfalls nicht. Gab es den denn etwa? Ob ich einer Kirche angehöre, fragten sie. Na ja, das Einzige, sagte ich, was bei Kirche sofort vor mir auftaucht, das ist die Inquisition. Aha, falsche Antwort. Sie seufzten nämlich ausgiebig, schauten sich an, nickten. Sie sprachen mit amerikanischem Akzent, hatten lange lockige, extrem gepflegte Haare, Gesichter, Körper.

Wie bitte? Ob ich gestresst sei? O ja, sicher, sehr, sagte ich und genoss den besorgten Blick der beiden. Dann solle ich doch mal mitkommen. Das war so irre, weil die ein gelbes Zelt direkt vor dem Nationaltheater aufgebaut hatten, was bisher nur Bratwurstverkäufern erlaubt gewesen war. Vor dem gelben Zelt stand einer und verkaufte ein Magazin. Der sah fertig und traurig aus und hatte total fettiges Haar. Im gelben Zelt war alles gelb. Zwei Plastikröhren sollte ich halten, und dann sagte die Frau: »Viel zu tun in der Schule? Streit mit den Eltern?« Mir schien, dass sie sich damit sehr gut auskannte.

Meine Mutter steht unter der Dunstabzugshaube in der Küche und brät Reis an. »Mama, kann ich morgen zu Scientology?«

»Hä?«

»Mach doch mal die scheiß Lüftung aus!«

»Was ist denn?«

»Hörst du mich?

»Ja.«

»Hörst du mir zu?«

»Langsam machst du mich meschugge. Nu red.«

»Ich würd gern mal zu einem Vortrag von Scientology, die waren sehr nett. Die haben einen Stresstest gemacht«, sage ich.

»Und was kam dabei heraus?«

»Tja, dass ich sehr gestresst bin.«

»Und?«

»Die haben morgen so ein Treffen, mit allen Interessierten. Kannst du mich hinfahren?«

Meine Mutter macht erst mal das, was sie immer, immer, immer macht, wenn sie etwas nicht ganz verstanden hat: Sie geht ans Bücherregal, kommt mit dem Lexikon zurück und blättert. »Nö, Scien…, ne, steht hier nicht drin. Was soll das sein?«

»Die haben ein gelbes Zelt.«

»Dein Vater ist Kommunist und ich, na, weißt schon. Reicht dir das nicht?« Sie klappt das Buch mit einem lauten

Knall zu. Ja, genau, ich bin Ostdeutsche und Jüdin und sonst nichts.

Das Problem mit der Judensache war, dass von uns jedenfalls niemand wusste, was man als Jude nun zu tun hatte. Hat natürlich keiner je eine Synagoge von innen gesehen. Nicht einmal von außen. Es hatte nur diesen Anruf gegeben, und danach hieß es, deine Großmutter hat sich umgebracht, und wir sind Juden. Der Anruf kam von Frau Blümchen. Die heißt wirklich so. Und die Großmutter hieß Lore Wünsch. Wir sind dann nach Flensburg gefahren, da hat sie gewohnt. Und stehen vor einer Wiese. Wir sind gleich raufgerannt und haben uns hingelegt, es war noch warm und das Gras sehr gepflegt. Frau Blümchen sagte dann, dass da meine Großmutter liegt, unter dem Gras, und wir sind ganz schnell wieder aufgestanden. Sie übergab uns ein Kästchen mit Ketten und alten Schlüsseln und eine kleine Menora, die alt und wertvoll aussah, aber innen hohl und ganz billig war. Der Abschiedsbrief ist datiert auf den 3. Oktober 1994.

Ich fand das Datum irgendwie kitschig. Sie war 1984 ausgereist, sie sagte, die DDR zu verändern, das wäre wie Revolution auf der Titanic. Sie war in der SED und hat für die Zeitung geschrieben. Die SED mochte sie nicht und hat sie irgendwann rausgeschmissen. Die Zeitung auch. *Move over.*

Meine Großmutter kam als jüdisches Hausmädchen 1931 schwanger nach Deutschland und putzte in Berlin bei einer bürgerlichen Familie. In dem Haus wurde das Kind geboren. Während des Krieges verschwand sie und versteckte sich irgendwo, keiner weiß mehr. Nach dem Krieg hatte sie ganz weißes Haar und besuchte die Familie und ihre Tochter, die nicht mehr wusste, dass das ihre Mutter war. »Lore, du siehst genauso aus wie dein Vater«, sagte sie, und Lore guckte den Mann an, den sie für ihren Vater hielt. Da saß ein blonder Mann mit Scheitel, roten Wangen und blauen Augen. Ihre Augen waren schwarz und ihre Haare auch und ihre Haut ganz weiß. *Tell Mama.*

Als ich in die Aula des Schiller-Gymnasiums gehe, habe ich die Jugendweihe schon vergessen und wundere mich über gut angezogene Schüler, die jedenfalls keine Dr. Martens und auch keine Fred-Perry-Polohemden tragen. Das Schiller-Gymnasium ist in der Stadt, die Lehrer sollen in Ordnung sein. Es gibt hier sogar Schachgruppen und Astronomiegruppen. Etwa 500 Schüler laufen nervös vor dem Mikrofon auf und ab. Als er hereinkommt, stehen alle auf, um einen Blick auf ihn zu werfen. Ich glaube, wir bewundern ihn. Sein Name ist Revolution. Friedrich Revolution Schorlemmer.

Ich habe mir ein Notizheft gekauft. Als er zu reden beginnt, wird es ganz still im Saal. Sprich zu uns, Friedrich Schorlemmer, sag, was es zu tun gibt, peitsch die Menge auf, halte uns in Bewegung. Gib uns einen Grund.

Er redet dann über Gedichte. Okay. Er sagt: »Wenn Sie raus in die Welt gehen, haben Sie immer ein Gedicht im Kopf!« Und? War das alles? Ja, das war alles.

Dann geht er von der Bühne, und die Lehrerinnen werfen sich auf ihn. Blumenstrauß. Orden.

8. Psychotherapeuten

In diesen Tagen hat sich ein Mädchen in die Psychiatrie begeben. Ich habe sie kennengelernt, als ich sieben Jahre alt
war und in der Kinderpsychiatrie in Weimar von Alpträumen
geheilt werden sollte. Alpträume, an die sich nur die anderen
erinnern können. Ich nicht. Sie war 14, wurde eingeliefert,
nachdem sie fünf Paracetamol genommen hatte und, nach
zwei Bieren, die sie dazu getrunken hatte, eingeschlafen war
auf einer Wiese oben im Goethepark. Einer Wiese, die alle
die Kiwi nennen, die Kifferwiese. Von dort oben konnte man
auf das Goethehaus und ein paar künstliche Ruinen schau-
en. Wir freundeten uns an, nachdem sie einen Stuhl durch
den Flur geworfen hatte, der einen zufällig in die Flugbahn
hineinlaufenden Azubi traf. Sie bekam so etwas wie Zimmer-
arrest und musste eine Woche lang mit mir reden, weil wir
im selben Zimmer lagen. Eine erzwungene, ewige Freund-
schaft. Manchmal sehe ich sie noch, aber nur sporadisch,
nur wenn wir beide in der Heimat sind. Sie ist inzwischen
Schauspielerin. Nicht der Typ Schauspieler, an den man immer gleich denken muss, ohne je so einen Typen gesehen zu
haben. Außer im Fernsehen. Sie hat das Stühleschmeißen
hinter sich. Sie ist anders, und sie hat ein Theater angezündet. Ihr Theater. Es ist nichts weiter passiert. Ein Feuer auf

der Damentoilette, dann hat sie den Bus genommen und ist in das Krankenhaus gefahren. Die psychiatrische Abteilung, sagte sie einmal zu mir, beunruhige sie wegen der Irren und der gelben Wände. In Wahrheit herrscht dort eine ausgesprochene Sumpfluft.

Dass sie Crystal zieht, hat sie keinem erzählt, und keiner merkt es. Legen Sie Wert auf Ihre Zähne? Dann nehmen Sie kein Crystal Meth. Sie macht es trotzdem. Wenn sie Geld hat, gibt es auch Kokain. MDMA ist wirklich ihr kleinstes Problem. Was einmal die Liebesdroge der Hippies war, ist ihre Wohlfühldroge in fremder Gesellschaft. Sie lebt von Hartz IV und dem, was sie dazuverdient, schwarz natürlich. Sie ist Schauspielerin. Eine sehr gute Schauspielerin. Aber das ist egal. Wenn du dich auf Partys herumdrückst, auf Empfängen, Premieren, dann kannst du einen Job erzwingen. Als ich diese Freundin nach einer Theaterpremiere im Foyer treffe, dreht sie sich mir zu, zieht die Brauen extrem weit in ihre Stirn, lacht und gibt mir die Hand und schüttelt sie und sagt: »Hallo, Andrea! Du! Das ist aber sehr schön, dich zu treffen.« Sie wirkt nervös.

Sie hat sich so lange geweigert, sich zu integrieren, bis das zu einer Art Automatismus geworden ist, bis sie nicht mehr anders konnte, als Außenseiterin zu sein. Ein Spiel, dass die Realität bald bestimmt. Die Frage, ob das an der Außenseiterrolle ihrer Eltern liegt, verneint sie. Aber das ist etwa so, wie wenn man einen Mann mit Rheuma fragt, ob die Krankheit ihn irgendwie beeinträchtigt. Das Leben der Eltern legt die Startbedingungen für die Kinder fest. Wenn man die nicht überwindet, bleibt man darauf hängen wie auf Crystal Meth.

Ihr Vater kommt aus Mosambik. Er hat in der DDR Wirtschaft studiert. Auslandsstudenten hatten einen Vertrag mit ihrem Heimatland, auch Jules Vater, ein Vietnamese, der in Weimar Architektur studiert hat. Nach dem Studium sollten sie zurück in die Heimat, um mit ihrer vom Staat bezahlten guten Ausbildung dem eigenen Land nützlich zu sein. Viele heirateten in der DDR und blieben, was, je nach Herkunftsland, als Vertragsbruch oder Landesverrat gewertet wurde. Der Vater dieser Freundin musste aus familiären Gründen 1986 nach Mosambik und geriet in den Bürgerkrieg. Er wurde verhaftet. Ihm wurde Landesverrat vorgeworfen. Vergeblich bemühte sich seine Frau um die Freilassung, bis ihr eine Idee kam. Sie besuchte eine Veranstaltung vom Bund demokratischer Frauen. Da waren auch verschiedene Parteivertreter und Funktionäre, denen sie die Geschichte erzählte: »Sehen Sie, und aus der Not heraus, weil sich einfach nichts tun will, hat sich der Fall herumgesprochen und Journalisten aus dem Westen wollten was wissen. Die warten nur darauf, die Geschichte zu veröffentlichen. Es sei denn natürlich, etwas passiert.« Diese Geschichte, die sie genauso gut ins Gefängnis hätte bringen können, scheuchte die Genossen auf. Drei Monate später kehrte der Mann aus Mosambik zurück. Er wog 20 Kilo weniger, sein Haar war weiß, er sprach nicht mehr. 1992 nahm er sich das Leben.

Die Klinik liegt im Wald. Die letzte Bushaltestelle liegt an der Hauptstraße. Man muss einen Kilometer durch den Wald laufen. Der wuchert wild und ungestört. Rechts auf dem Weg ist ein See. Weiden beugen sich zu ihm herab. Sie spiegeln sich im See wie Frauen mit großen Frisuren. Echte Natureitelkeit. Ein abgeschiedener Ort, an dem die Kranken aufbewahrt werden. Man fährt daran nie mit dem Auto vorbei. In einer Natur, wie sie Fontane beschreibt. Nicht unpassend. Denn Psychologie, das ist so 19. Jahrhundert. Denkt man manchmal.

Die Folgen der deutschen Einheit werden hauptsächlich unter ökonomischen Aspekten betrachtet, noch viel später, als der Arbeitsmarkt beruhigt und die Eigenheime für viele erschwinglich wurden, waren es hauptsächlich Geldmangel oder das zu heftig empfundene Wohlstandsgefälle, die als Gründe für die allgemeine Verunsicherung vorgeschoben wurden. Dabei spielen auch ganz andere psychologische Elemente eine Rolle. Es scheint ein stärkeres Argument zu sein, zu behaupten, nun sei die finanzielle Unsicherheit größer, der Job gefährdet, die Zukunft der Kinder ungewiss, als dass man sagt, was viel richtiger ist, dass man unsicher ist, einfach weil die Heimat nun eine andere sein muss.

Tatsache ist, dass die Wende nicht von unseren Eltern vollzogen worden ist, sondern von den alten Kadern der Generation über ihnen. Dass diese Alten so viel flexibler sind als meine Eltern, woran liegt das? Vielleicht, weil diese Generation kein anderes System kennengelernt hat, nur die DDR, in die sie hineingeboren wurde. In ein Land, das die Antwort sein sollte auf das Dritte Reich, auf alles Schlechte, das von deutschem Boden ausgegangen war. Meine Eltern gehören zu der Generation, die nur den Sozialismus kannte, die ernsthaft an eine bessere Zukunft glaubte. Und das schmeißt man dann nicht so einfach weg, sein Vokabular, seine Ideale, sein Vertrauen in dieses Land. Die Generation meiner Eltern ist auf die Straße gegangen, um eine Demokratie einzufordern, um die Stasimacht zu stürzen, um bessere Lebensverhältnisse herzustellen. Ja, auch um zu reisen. Obwohl ich nicht weiß, wie das gehen soll. Ob ein kommunistisches Land umgeben von Ländern mit anderen Regeln ohne eine Mauer auskommt? Und dann war da noch die Mauer der Unwissenheit. Meine Mutter ist total erschüttert gewesen, als sie erfuhr, was in den Stasigefängnissen passiert war. Und meinem Vater hat die Erkenntnis, wie wenig dieses Land seinem Volk vertraut hatte, einen tiefen Schock versetzt. Wie groß musste das Misstrauen gegen die Bevölkerung gewesen sein, wenn jeder dritte Bewohner des Landes als Schnüffler angeworben wurde. Das ist doch krank. Aber jetzt heißt deine Heimat offiziell, also im Fernsehen, in den Geschichtsbüchern und in politischen Debatten, jetzt heißt sie Unrechtsstaat und sonst nichts. Und darf man um so einen Staat trauern?

Aber dann, nach dem Schock, hat mein Vater für viele Jahre im Grunde aufgegeben. Meine Mutter konnte sich das schon wegen uns gar nicht erlauben. Sie nahm die Demokratie sehr ernst, nahm an jeder politischen Wahl teil, wurde Elternsprecherin in meiner Schule, gründete mit anderen Eltern und Lehrern einen Schulförderverein. Sie brütete über den Parteiprogrammen. »In diesem Jahr«, sagte sie einmal, blickte von der Lektüre auf und schob ihre Lesebrille in die kurzen, schwarzen, an den Schläfen ganz grau gewordenen Haare, »ist es wichtig, die Grünen zu wählen, damit die über die Fünfprozentmarke kommen und in den Landtag einziehen.« Sie überlegte. »Und dann, tja, SPD wahrscheinlich. Was sonst.« PDS könne sie nicht wählen, sagt sie, als ich mich sehr darüber wundere, dass sie das nicht in Betracht zieht, und auch nie über PDS-Politiker spricht. »Nach und nach kam das ja erst raus, wie groß die Zahl der Stasimitarbeiter war.« Sie habe das erst nach und nach erfahren, in der Zeitung nachgelesen, in der F.A.Z. 1996 haben meine Eltern die F.A.Z. abonniert. Auch das hat mich immer gewundert. Sie sind nie von ihren Idealen, von sozialistischen Idealen abgekommen, aber sie lesen die F.A.Z. Mein Vater sagt, er sei konservativ. Er liest den Finanzteil, meine Mutter die Politik und inzwischen das Feuilleton. Der Schock jedenfalls, den sie immer wieder nach der Lektüre eines Artikels über die DDR erlitt, der saß tief. Sie hat sich dann immer zurückgezogen. Sie wollte das lieber allein mit sich ausmachen. Mein Vater hat es abgelehnt, diesen Artikeln zu glauben.

Der Schock aber, von dem dann alle Welt sprach im Plattenbauviertel, das sei die Wende gewesen. Obwohl es vielen Leuten jetzt besser ging, viele auch reicher geworden waren, behaupteten sie, die Wende habe sie alle »ärmer« gemacht. Mit ärmer meinten sie aber vor allem die Unsicherheit. Den Umgang damit muss man lernen. Denn Freiheit, die neue Freiheit ohne Mauern, das ist nicht einfach Freiheit, das ist zunächst mal ein neuer Zustand. Ein Zustand, an den man sich gewöhnen muss. Aber sich an diesen neuen Zustand zu gewöhnen, das war wohl nicht leicht und auch nicht so schnell möglich. Wir stehen so gesehen immer neben unseren Eltern. Wir auf dem einen Planeten, sie auf dem anderen, auf ihrem Stern. Ihr Schmerz ist immer schon da gewesen. Er ist diffus. Eltern mit Zukunftsangst, sparende Eltern, traurige Eltern, fremde Eltern.

Niemand wollte zugeben, dass er Trauer empfand. Wie konnte man Trauer um eine Diktatur empfinden? Das war doch krank. Vielleicht war das der Grund, weshalb es so schwer war, den Nachbarn und den Mitschülern zu erklären, dass ich nicht irre war, als mich meine Eltern in die Kinderpsychiatrie einwiesen. Also, das heißt, meine Psychologin Hilde Tümmler und meine Psychiaterin Frau Dr. Siglinde Seitz, die ich mein Leben lang verehren werde. Sie hatte eine eigene Praxis, war aber auch die Chefin der Weimarer Kinderpsychiatrie. Die ist direkt am Rollplatz. Das ist der Parkplatz, unter dem der Thüringer König liegen soll. Nach dem wird aber nicht gegraben, aus Angst, er könne vielleicht doch nicht da sein.

Den Sommer vor meinem achten Geburtstag verbrachte ich in der Psychiatrie. Es war ein langer Sommer, er begann im April und endete erst im Oktober. Das war die Zeit, als der Bosnienkrieg begann, 1992. Flüchtlingskinder kamen auf unsere Station. Sie haben schwarze Bilder gemalt, seltsame Bilder. Malten sie einen Ball, war der schwarz. Auch die Sonne war schwarz. Alles war schwarz. Ein Junge malte Maschinengewehre. Sie haben kein Wort gesprochen. Warum auch, sie konnten kein Deutsch, und in der Psychiatrie gibt es herzlich wenig zu sagen. Wir haben uns dann zusammengetan. Ich habe ihnen gezeigt, wie man seine Familie in einen Panzer hineinmalt. Etwas später wurde eine Dolmetscherin geholt. Sie sprachen trotzdem nicht, aber nach vier Wochen konnte man wenigstens mit ihnen Federball spielen. Wir wurden am gleichen Tag entlassen. Sie in ein Kinderheim. Ich nicht.

»Wir haben sie auf einer Parkbank schlafend gefunden«, hat der von der Polizei gesagt, als das Mädchen eingeliefert wurde, die fünf Paracetamol genommen hatte. Einlieferungen fand ich besonders spannend. Sie war schon nach zwei Tagen wieder fit genug, um das ganze Zimmer auseinanderzunehmen. Sie schlug die Schwestern so heftig, dass man sie auf ihrem Bett fixieren musste. Neugierig guckten der bosnische Junge Alija und ich durch die Scheibe der Zimmertür. Ich wusste nicht, ob ich empört oder beeindruckt war. Alija war sichtlich beeindruckt, denn er stand neben mir und sagte zum ersten Mal etwas. Das Erste, was er in Deutschland sagte, war: »Wow.«

Es war Sommer, und Dr. Siglinde Seitz hatte sich ihren Schreibtisch in den verwilderten Innenhof des Krankenhauses gestellt. Wir beobachteten sie immer von weitem. Ich ging einmal zu ihr hin und setzte mich neben sie ins Gras. Sie war schon alt. Vielleicht 60 oder so, graue, kurze Haare, ein strenges Gesicht, liebevolle, kleine Augen. Irgendwie Maus und Adler in einem. Sie gab mir Papierbögen mit Aufgaben drauf, ich solle mir Zeit lassen, bekam einen Sonnenstich, hatte nach 25 Minuten alle gelöst. Sie fragte mich, ob ich gern in ein Internat gehen wolle. Ich sagte ja. Es kam leider nie dazu. Denn Internate kosten Geld. Wieso soll jemand in ein Internat?, fragten meine Eltern. Schulen gibt es hier genug. Normale Schulen. Für normale Leute. Ein Internat, das ist snobistisch. Und teuer.

Die Tür des Schwesternzimmers ist immer geöffnet, man kommt nie ungesehen an den weißen Ladys vorbei. Über den gelben Flur hören wir immer ihre Stimmen bis in unsere kleinen Zimmer. Es sind beruhigende Stimmen und gute Geschichten, die wir da zu hören bekommen. Am Nachmittag: »Meine Schwägerin hat ein Hörgerätegeschäft in Berlin. Pankow. Da kommt eines Tages Markus Wolf rein und sagt: ›Ich brauche ein Hörgerät …‹ Na, da lag der aber einiges als Antwort auf der Zunge.« Lachen. Eine Weile.

Mein Zimmer teile ich mit Martin. Er ist blind, spielt sehr gut Schach, mit einem speziellen Schachbrett, wo hinein die Figuren gesteckt werden können, so dass er die Figuren mit der Handfläche abtasten kann, ohne dass sie verrutschen. Er ist ein unerträglicher Schlaumeier, behauptet, im Sommer heiße Getränke trinken zu müssen, weil die die Wärme besser aus dem Körper ableiten, solche Sachen. Und er ist cholerisch. Wenn er zum Beispiel glaubt, dass ihn jemand bei Schach verscheißert, wirft er den Tisch um, dann den Stuhl, dann die Schwester und dann wird er fixiert.

Ich erinnere mich, dass ihm etwas später eine Etage über der Psychiatrie Knochenmark entnommen wurde und wie er dann in einem Krankenhausbett wieder zu uns hereingerollt wurde. Wir mussten das Zimmer verlassen. Er brauche Ruhe. Er stöhnte, hatte offenbar Schmerzen. In seinem Arm steckte der Tropf. Zwei Tage später ging ich mal unbeobachtet zu ihm rein. »Und wie geht's?«

»Toll.«

»Schach?«

»Willst du mich verarschen?«

»Blödmann.«

»Was hast du gesagt?«

»Nichts.«

»Fick dich ins Knie.«

»Fick dich selber.«

»Mir reicht's.«

Er zieht den Tropf aus dem Arm.

»Ich hau aus dem Scheißladen ab.«

Er versucht aufzustehen. Er kann nicht aufstehen.

»Scheiße.«

»Ich bin immer zu krank.«

»Ich bin immer zu gesund.«

Es war der Moment, in dem ich verstand, dass das alles sehr ungerecht ist, dass jeder cholerisch wäre, wäre er blind und ans Bett gefesselt und 13 Jahre alt. Dass es ungerecht ist, wenn die Schwestern ihn deshalb nicht mögen, und dass ich noch wütender werden würde, wenn ständig Leute um mich wären, die sehen können und die sehen, wie ich die Beherrschung verliere. Dass ich die Ohnmacht nicht kenne, das Gefühl zu wissen, dass man nicht mal abhauen kann. Ich bin eigentlich ein Glückspilz. Ich kann sehen. Ich bin nicht unmittelbar von einer Katastrophe bedroht. Ich habe mich sogar wohl gefühlt hier und keine Wut mehr. Nur draußen. Vielleicht bin ich nur aus Eitelkeit nicht verrückt geworden.

Wir haben immer gelernt, wer brav ist und auf die Erwachsenen hört, wer fleißig und nett ist, der wird auch geliebt. Aber es gibt eine Menge Kinder, die ihre Würde erst einmal durch Wut erhalten, eine Wut, wegen der wir hier waren. In der Klapse. Aus irgendeinem Grund war ich freiwillig geblieben. Vielleicht, weil ich nicht in die Schule musste. Jedenfalls bis zu dem Moment, als ich aus dem Schwesternzimmer die Geschichte von Markus Wolf gehört hatte, der sich ein Hörgerät kaufen wollte. Markus Wolf sagte mir was. Mein Vater hatte manchmal von ihm gesprochen, mit Bewunderung. Er sagte, er wäre gern in der Auslandsaufklärung gewesen. Ich ging in das Schwesternzimmer und sagte: »Markus Wolf ist doch cool.« Eine Schwester, die gerade von einem Hackbrötchen abbiss, schob das Stück in ihrem Mund unzerkaut in die linke Backe und sagte: »Wat?«

»Über den weiß ich ungefähr alles. Also, der war Spion!«

»Woher hast du das denn?«

»Sag ich nicht.«

»Setz dich mal hin.«

Ich setzte mich auf einen Stuhl, der mir etwas zu breit und zu weich erschien.

»Er hat sein Land verteidigt.«

»Wer hat dir das denn erzählt?«

»Mein Papa.«

Am nächsten Tag war ich zu Hause. Mein Vater guckte die Spionagefilme dann nicht mehr mit uns zusammen. In einem dieser Spionagefilme hatte Armin Müller-Stahl die Hauptrolle. Er hat auch ein Buch geschrieben, das ich nicht gelesen habe. Aber ich weiß, worum es geht in dem Buch: Jeder über 40 könne seine Autobiographie schreiben oder einen Film aus seinem Leben machen. Jeder über 40? Im Osten jeder über zehn.

Ich muss mich an all das erinnern, als am Ende des Waldes die Klinik auftaucht. Ich bin auf dem Weg zu meiner Freundin. Der Freundin, die den Mülleimer des Theaterklos angezündet hat. Warum? Weil man manchmal in Stimmung ist, weil sich jeder schon einmal so etwas vorgestellt hat, einem unfreundlichen Bankbeamten eine runterzuhauen zum Beispiel oder einen Radfahrer vom Rad zu zerren, der einen beinahe über den Haufen gefahren hat. Man macht es nur nicht. Und das ist ja auch irgendwie gut, gut und traurig zugleich.

Sie sitzt auf ihrem Bett, ich erzähle ihr von den reichen DDR-Bauern und dem armen niedersächsischen Prinzen. Draußen im Flur fährt eine Frau auf einem Kinderroller auf und ab. Meine Freundin lacht: »Das interessiert mich eigentlich einen Scheiß. Aber trotzdem krass.«

»Wir müssen was aus unserem Leben machen«, sage ich.

»Das sagst du, seit ich dich kenne. Streberin.«

»Sicher.«

»Ich will ein Drehbuch schreiben.«

»Worum geht's?«

»Weiß noch nicht. Titel: *Zukunft*.«

»Hm. Klingt gut.«

Ich habe das Gefühl, wir kennen mehr Psychotherapeuten als Frisöre. Die zweite Psychologin hat einmal während der Therapiesitzung mit ihrer Tochter telefoniert, weil diese Gas im Haus roch. Der dritte hatte eine Katze und ein Motorrad. Der vierte hatte verbrannte Hände, er hatte einen brennenden Weihnachtsbaum aus dem Fenster geworfen und so seine Familie gerettet. Dem fünften schulde ich noch Geld. Weil sich alles wiederholt, hab ich das Therapieren jetzt aufgegeben. Bei mir hat es mit sechs Jahren angefangen. Frau Tümmler gab mir die Hand und zeigte mir das Puppenhaus, mit dem ich von da an jede Woche spielen durfte. Meine Eltern saßen mit ihr am Tisch und erzählten. Die Wende. Die ganze Unsicherheit. Andrea hat Alpträume und eine Drei in Deutsch und in Mathe. Damit wird sie doch nichts. Sie soll aufs Gymnasium. Mein Vater nahm sich kurz zuvor auch eine Therapeutin, hatte aber erfahren, dass er, wenn er verbeamtet wird, sich privat versichern muss. Private Versicherungen nehmen niemanden, der innerhalb der letzten fünf Jahre eine Psychotherapie gemacht hat. Er brach sofort ab. Unterhielt sich stattdessen in meinen Sitzungen mit Frau Tümmler. Mir kam das sehr entgegen, denn was sollte ich der Frau schon erzählen. Es gab nichts zu erzählen. An Alpträume konnte ich mich jedenfalls nicht erinnern. Frau Tümmler hat mich gefragt, ob ich:

– lüge

– weiß, was Sex ist

– meine Eltern hasse

– einen Fantasiefreund habe

Ich habe gleich nein gesagt, zu allem. »Du lügst nicht?«

»Na ja, doch, aber die Wahrheit glaubt einem ja keiner.«

Okay.

Wir schweigen jetzt. Ich setze mich in den großen Ohrensessel, nehme einen Prospekt von dem runden Beistelltisch. »Darf ich meinen eigenen Urin trinken?« steht darauf. Ich lege ihn schnell wieder weg. Es entsteht eine beklemmende Stille. Eigentlich gehören Prospekte ja auch zur Privatsphäre. Fühlt sich ungefähr so an, wie wenn man die Unterwäsche von Freunden findet. Und sich natürlich wünscht, sie nicht gefunden zu haben. So ist das mit Prospekten.

»Wenn du denkst, dass …« Sie springt vom Bett auf. »Wenn du denkst, dass …« Sie dreht sich mit dem Rücken zu mir und faltet eine Wolldecke zusammen. So heftig, dass es Wind macht und ihre schwarzen Haare nach hinten fliegen. »Glaub bloß nicht …« Sie schaut mich wütend an. »Glaub bloß nicht, ich bin irre.«

»Du bist nicht irre. Wir sind nicht irre.«

»Du hast es geschafft«

»Ich hab gar nichts geschafft. Ich lebe vom Flaschenpfand.«

»Psychiatrie ist wie im Gefängnis: Du wirst super versorgt und hast deine Ruhe.«

Ich fahre zurück in die Stadt, Hans hat mir seinen Benz geliehen. An einer roten Ampel halte ich hinter einem weißen Van. Als es grün wird, steigen zwei Polizisten aus. Sie haben dunkelgrüne Overalls an und sind jung. Einer hat blondgefärbte, gegelte Haare. »Können wir mal Ihren Ausweis und den Führerschein seh'n?«, fragt der Blonde. Ich sage ihnen, dass ich beides gerade nicht dabeihabe. Blut habe ich auch nicht mehr, jedenfalls nicht im Gesicht. Mir wird schlecht. Sie gehen um das Auto herum. »Studieren Sie Jura?« Er zeigt auf einen roten Kommentarband: »Wem gehört das denn?«

»Meinem Anwalt«, sage ich, ohne nachzudenken. Es stimmt ja.

»Und was macht der?«

»Na ja, der macht so Straßenverkehrsrecht.«

»Na gut, also heute gibt's mal eine Verwarnung, weil Sie nicht angeschnallt sind.«

»Anschnallen! Ja klar.«

Jule treffe ich in einem Buchladen, sie sucht ein Geschenk für ihre Mutter. Die hat nicht Geburtstag und ist auch nicht krank. Sondern traurig.

»Manchmal verachte ich meine Mutter für ihre Schwäche«, sagt Jule. »Ich hab es für Schwäche gehalten. Alles. Den Job, die Zurückhaltung. Ich weiß, dass sie ihr Leben uns geschenkt hat. Ich weiß, dass sie unglücklich ist. Gibt es gute Menschen im Leistungsland? Sie hat drei Kinder durchgebracht als Krankenschwester. Schiebt immer Nachtschichten. Weil das mehr Geld bringt. Ich sehe sie müde, schlafend, langsam. Nachtarbeit macht dich fertig. Rauscht alles an dir vorbei. Irgendwie hat man als Kind immer das Gefühl, daran Schuld zu haben. So ein schlechtes Gewissen, das bekommst du nicht weg.«

»Was kaufst du ihr?«

»Weiß nicht, was von Foucault vielleicht.«

»Jule!«

»Was?«

»Bitte!«

»Nicht?«

»Ich habe meinem Vater mal zum Geburtstag das Buch von Manfred Krug gekauft, *Abgehauen* heißt das. Aber bevor ich es ihm geschenkt habe, hab ich unseren Anwalt gefragt, und der meinte, das sei gar keine gute Idee. Das solle ich ganz schnell tauschen gegen etwas, das erstens nicht mit Flucht aus der DDR und Terrorstaat zu tun hat und zweitens den Geschmack meines Vaters trifft. Da hat Hans mich kalt erwischt. Ich dachte: Manfred Krug: Den verehren wir doch. *Mir nach, Canaillen!* und *König Drosselbart* haben wir bestimmt 20-mal gesehen und die Fernsehzeitung studiert, um seine Filme aufnehmen zu können. Manfred Krug. Der Mann mit der zurückgelehnten Stimme, das Gleichgültige darin, immer bockig. Manfred Krug als Manfred Krug. *Spur der Steine*. Kennst du *Spur der Steine*?«

»Nö.«

»*Spur der Steine* habe ich zufällig nachts in der ARD gesehen. Genau wie *Paul und Paula*. Schalte mal nachts um drei ARD ein, da kommen dann richtig gute Spielfilme. Jedenfalls: *Spur der Steine*, ich 14, esse Chips, verstehe nur den halben Text, so viel, dass mir schlecht wird. Da sage einer, Filme bilden nicht. Das war das Erweckungserlebnis, nach dem ich wusste, dass die DDR kein Paradies war, nicht für Intellektuelle und auch nicht für Arbeiter.«

»Und, was hast du deinem Vater nun geschenkt? Was war sein Geschmack?

»Keine Ahnung!«

Wir verlassen den Buchladen, gehen ein Stück die Straße hinunter.

»Was ist mit deinem?«

»Wem?«

»Deinem Vater.«

»Der wohnt schon lange in Ingolstadt.«

»Du hast mal gesagt, er war Schmuggler.«

»Nein. Eigentlich war er Architekt und hat in Weimar

studiert, erst später hat er nebenbei geschm… Mist, ich habe das Buch mitgenommen und nicht bezahlt.«

»Und jetzt?«

»Uups.«

»Hast du Geld.«

»Eher nicht so.«

»Dein Vater war Schmuggler.«

»Mann, nein, er war Architekt, dann hat er während der Wende natürlich, so waren sie ja erzogen, also dazu erzogen, jede Chance zu nutzen, jedes Geschäft zu erkennen, wenn sich eines bietet. Und das war die Zeit ohne Gesetze, ohne klare Regeln. Und da hat er mitgemacht, alles verkauft, was ging. Ich erinnere mich, wie wir über einen Markt gegangen sind, auf dem Vietnamesen Obst und Gemüse und T-Shirts von Landser und den ganzen Nazischeiß verkauft haben, was man sich ja auch mal vorstellen muss, dass die Neonazis bei den Vietnamesen ihr Naziequipment gekauft haben. Scheint so, als wäre es mit das beste Geschäft gewesen. Neonazizeug in Neonaziland.«

»Obwohl damals noch überhaupt niemand verstanden hat, was Landser oder was 88 bedeutet. Als sie in unserem Viertel mal das Horst-Wessel-Lied im Jugendzimmer gespielt haben, da ist man vorbeigelaufen und hat sich auch nichts weiter gedacht außer: Hä? Ich kannte das Lied jedenfalls nicht. Und niemand hat dazu etwas gesagt.«

»Was ist das Horst-Wessel-Lied?«

»Weiß ich im Grunde auch nicht. Irgendein Nazischeiß.«

Wir gehen ein Stück und schweigen. Schon wieder: Halbwissen mangels Erinnerung. Gehirn wie ein Sieb.

»Meine Mutter wusste von der Schmuggelaktion gar nichts«, sagt Jule. »Mein Vater ist nebenbei immer noch ins

Architekturbüro gegangen und hat normal gearbeitet, sporadisch jedenfalls. Meine Mutter hatte bis dahin alles hingenommen, die Wende, den Scheißjob, die Nachtschichten. Erst als sich meine Eltern 92 oder 93 haben scheiden lassen, da bekam ich Respekt vor ihr. Als sie das eisern durchgestanden hat. Sie hatte sich entschieden, es einfach hinzunehmen. Drei Kinder und alles. Und dann ist mein Vater weggegangen. Der hat den goldenen Westen gesehen und ihn bekommen. Für ihn war es wichtig, der Ernährer zu sein, aber auch, Karriere zu machen und reich zu werden. Seine Familie in Vietnam hatte er verloren, weil er den Vertrag, nach seinem Studium zurückzukehren, nicht erfüllt hatte. Für ihn wurde alles ein Wettbewerb. Er lebt nach dem Gesetz des Stärkeren. Immer an der Grenze der Regeln. Wenn ich ein Bild gemalt hatte, das er gut fand, hat er zu mir gesagt: ›Du musst jeden Tag üben und ein Bild malen.‹ Das hat's mir natürlich gleich versaut. Er sagte ganz oft zu mir: ›Jule, eines musst du dir merken: Wir sind besser.‹«

»Wir müssen besser sein. Vielleicht.«

»Nein. So sind wir erzogen und das wird uns umbringen. An mir ist alles Ehrgeiz. Mein Name allein schon. Er hat uns ganz deutsche Namen gegeben, damit wir bloß keine Schwierigkeiten bekommen, und das Irre ist: Weil wir deutsche Namen haben, hat uns eigentlich niemals jemand auf unsere Herkunft angesprochen. Letztlich hatte er recht. Aber es fühlt sich seltsam an.«

»Sprichst du Vietnamesisch?«

»Kein Wort.«

»Wir müssten eigentlich total glücklich sein: Wir können uns frei bewegen, schlafen, wo wir wollen, leben, wo wir wollen, wir haben nicht mal eine Behinderung.«

»Keine äußere.«

»Mein Stiefvater zum Beispiel«, sagt Jule, »Heinz-Peter. Der ist total normal. Ja, sogar nett. Der will nichts. Der verlangt nichts. Er hat uns kennengelernt, damals, als er Versicherungen verkauft hat. 1998 war er damit pleite und ist LKW-Fahrer geworden. Alles in Ordnung. Übrigens: Weißt du, ich weiß das alles erst seit letzter Woche. Ich musste nur einmal fragen und er hat alles sofort erzählt, es sprudelte richtig aus ihm heraus. 20 Jahre nix gewusst. Und dann kommt alles. Muss man immer erst fragen? Meine Mutter ist erst vor zwei, drei Jahren in eine psychosomatische Klinik gegangen, obwohl sie schon so lange so krank ist. Aber Psychotherapie, das hat man früher nicht vorgeschlagen, das war für die oberen Schichten. Da gab's noch dieses Klassendenken in der Medizin. Wahrscheinlich überall. Ne, ich glaube, sehr stark war das hier. Meine Hausärztin, die hätte niemandem einen Therapeuten empfohlen. Never. Meine Mutter hat dann irgendwann immerhin die Tagesklinik ausgesucht. Was aber im Grunde sinnlos ist, nur Abwesenheit des Alltags kann hilfreich sein. Depressionen sind letztlich die Selbstzerstörung deines Selbstwertgefühls. Die Krankheit ist Ausdruck von Selbsthass. Man multipliziert das währenddessen noch mal. Du fühlst dich ja nie als Opfer. Du fühlst dich als Täter. Es ist eine Krankheit des Schuldgefühls.«

»Fünf Leute aus meiner Klasse machen inzwischen schon eine Psychotherapie und nehmen Antidepressiva.«

»Das Antidepressivum meiner Mutter war eine Zeitlang das Einkaufen. Sie war total fixiert auf Schuhe. Immer mit drei Kindern im Schlepptau von Geschäft zu Geschäft rennen.«

»Meine Mutter hat bei Otto bestellt. Für Nachbarn usw.«

»Ja, diese riesigen Pakete, die da im Hausflur standen. Konnten wir fast drin spazieren gehen. Und immer dieses Zurückschicken.«

»Immer diese Angst, zu wenig zu haben. Sie sind geprägt von der Mangelwirtschaft, in der man ja gelernt hat, sich mit den Dingen auseinanderzusetzen, die fehlen. Wie die Leute, die beim Fasten immer vom Essen reden. Das hat sich irgendwie gehalten. Als müsse man dem entgegenwirken oder dem vorbeugen, hat man ständig Waren geprüft, anprobiert usw. Im Keller zum Beispiel hat meine Mutter verschiedene vorsorglich bestellte Gläsersets. Brauchte bisher keiner, aber es könnte der Zeitpunkt kommen, da …«

»Vielleicht haben sie ja recht, und der Zeitpunkt kommt, vielleicht sind sie total viel klüger und misstrauischer und wenn das ganze System zusammenkracht …«

»… werden wir aus Kristallgläsern Sekt trinken.«

»Ja.«

»Und wir werden ihnen dafür danken.«

»Ja.«

»Was mir bei superkritischen DDR-Filmen noch einfällt. Der Regisseur Konrad Wolf ist der Bruder von Markus Wolf, das habe ich zufällig bei Wikipedia gelesen. Das bekomme ich nicht zusammen. Der Chef vom Geheimdienst ist der Bruder eines kritischen Filmemachers in einem sogenannten Unrechtsstaat.«

»Diktatur.«

»Diktaturenkinder.«

Wir gehen in die Planbar, schieben den dicken schwarzen Vorhang hinter dem Eingang zur Seite und bestellen jede ein Bier. Lucian schreibe ich eine SMS, dass wir hier sind, und nach dem zweiten Bier klopft er mir auf die Schulter. Ich verstehe kein Wort, er sagt sicher hallo. Er ist schon sehr betrunken, das kann man an seinem Lächeln sehen und auch an seinem fragenden Blick. Und einer gewissen Langsamkeit. Wir setzen uns.

Er erzählt, dass er sich betrinken musste und auch unbedingt damit fortzufahren wünscht. Lucian ist inzwischen ein erfolgreicher Künstler. Er hat einen Preis gewonnen für eine Videoinstallation, er schreibt Theaterstücke für das Stellwerk, arbeitet mit dem Theater zusammen, studiert an der Bauhaus-Uni Freie Kunst, organisiert und kuratiert Ausstellungen. Er ist 26 Jahre alt. Weshalb er sich betrinken müsse, fragt Jule ihn.

Er schüttelt den Kopf und erzählt dann doch: Er habe einen Freund besucht. Der ist aus dem dritten Stock gesprungen, hat sich die Füße gebrochen und ist in derselben Nacht nach Hause gerobbt, quer durch die Stadt, über das glänzende Kopfsteinpflaster. Und der weigert sich, ins Krankenhaus zu gehen.

»Gibt es die Psychiatrie am Rollplatz eigentlich noch?«

»Keine Ahnung, aber der Rollplatz, das ist ein gutes Stichwort. Habt ihr das 99 mitbekommen? Die Rollplatzaffäre? Hier soll angeblich der älteste Thüringer König liegen.«

»Welcher?«

»Ein Thüringer König.«

Wir schauen uns fragend an. »Die Leute vom Kunstfest sind ja allesamt aus dem Westen, Bernd Kauffmann hat ja keinen engagiert, der aus dem Osten kommt. Als könnten alle nix, hier saßen Professoren und Künstler und Kulturschaffende, und über die geht man hinweg, als wären sie von der DDR-Krankheit befallen. Diese ganzen Stasisachen, wer wann wo IM war usw., das wurde Mitte der Neunziger zu einem gefährlichen politischen Instrument. Hat ja jeder geglaubt, was die Stasi aufgeschrieben hatte.

Na ja, aber jedenfalls wurde 99 auch Daniel Buren engagiert. Von dem bin ich sowieso Fan. Ein Franzose, Installationskünstler, macht Konzeptkunst: Das wollte er auf dem Parkplatz in Weimar auch machen. Auf dem Rollplatz: Kopfsteinpflaster und Parkscheinautomaten. Da sollten jetzt also die Stelen hin von Daniel Buren. Und plötzlich formiert sich da Widerstand. Zehn Jahre hat man erst mal alles geschehen lassen, egal was passiert ist in der Stadt. Aber als es um den Parkplatz ging, gab es plötzlich 'ne ganz große Bürgerbewegung: Es ging gar nicht gegen die Kunst oder Daniel Buren, es ging um all die fremden Leute, die über deinen Platz entscheiden durften, über deine Heimat regierten. Mal abgesehen davon, betonten dann alle, ruhe, wie jeder gebildete Mensch wisse, unter diesem Parkplatz unser König.

»Unter einem Parkplatz?«

»Ja. Und Kauffmann hat dann vorgeschlagen, man könne den Platz doch mal aufreißen und nachschauen, ob da ein König ist.«

»Wollte keiner, bestimmt.«

»Nein.«

»Weimar hat einen König.«

»Die Weimarer glauben vor allem an ihren König.«

»Toll.«

»Aber Weimarer König, das passt doch ganz gut. Freie Marktwirtschaft und die Herrschaft des Kapitals, das ist ja nicht so ihr Ding. Jedenfalls hat das alles keiner ernsthaft haben wollen. Meine Mutter hat mir erzählt, dass 89 bei den Demos plötzlich eine Gruppe auftauchte, Menschen, die niemand kannte, die waren die Ersten, die riefen: ›Wir sind ein Volk!‹ Bis dahin wollten alle erst mal das Volk sein.«

»Nicht einmal Schorlemmer wollte die Einheit.«

Jule: »O Gott, Schorlemmer. Erinnert ihr euch, als er in unserer Schulaula eine Rede gehalten hat? Und uns mit Goethe kam? In Weimar! Und so glücklich vor sich hinbrabbelte, als er was aufsagen konnte.«

»Na ja, stell dir vor, du machst eine Revolution und plötzlich läuft sie in eine Richtung, die du nicht mehr beeinflussen kannst. Keiner fragt dich nach deiner Meinung. Im Grunde will man deine Meinung nicht. Nicht mal die Meinung von Christa Wolf. Ich meine, einer Nobelpreisanwärterin, die sich vielleicht blöd verhalten hat. Aber ich bin sowieso schon immer Fan von der gewesen. Man kann nicht immer perfekt sein.«

»Wieso blöd? Wann?«

»Als das mit der Stasi rauskam, hat sie gesagt, so ungefähr, sie hätte es vergessen zu erwähnen.«

»Und als in Weimar die Bauhaus-Uni gegründet wurde, gab es keinen einzigen ostdeutschen Professor. Das Kulturjahr passierte einfach, wehte einmal durch die Stadt, von den Leitern hatte vorher und auch danach nie wieder jemand gehört.«

»Aber das nimmt man ja eigentlich erst mal so hin, weil aus der Zone jetzt Kulturland geworden ist, und letztlich sind wir alle darüber froh, wenigstens irgendeinen Grund zu haben, hier zu sein.«

»Ja, es sei denn, jemand will dir deinen Parkplatz wegnehmen. Das ist ja mit Parkplätzen eine interessante Sache. Die sind wichtig für Ureinwohner. Der Weimarer hat sich da noch zu Hause gefühlt. Der letzte Ort, wo er mit Jogginghose herumlaufen kann.«

»Und das ging jetzt nicht mehr.«

»Nein. Ich persönlich bin ja schon immer Fan von Daniel Buren gewesen. Aber die Geschichte ist auch keine Geschichte eines Krieges, sie ist eine, die noch nicht erzählt wurde.«

»Welche Geschichten wurden noch nicht erzählt?«

»Unsere«, sagt Lucian.

»Und wie wir Hagebutten als Juckpulver eingesetzt haben«, sagt Jule.

9. Ausland

Nirgends findet man so eine Atmosphäre wie hier. Im Osten. Ostdeutschland. Ehemalige DDR. Zone. Was weiß ich. Verdammt, für dieses Dings, das einmal die DDR war, gibt es keinen politisch korrekten Ausdruck. Neulich sagte jemand, dass es in der Bundesrepublik noch in den Sechzigerjahren Schulatlanten gab, in denen die DDR »Mitteldeutschland« hieß. Und das eigentliche »Ostdeutschland« Ostpreußen war (»vorübergehend unter sowjetischer Verwaltung«). Jetzt heißt es Zone. Oder? Ostdeutschland natürlich. Wobei meine Mutter darauf besteht, dass wir Deutsche sind. Ja, ja, sage ich dann: Deutsche in Ostdeutschland. Meine Mutter lehnt das Wort »Ostdeutschland« ab. Wir gehören zusammen, sagt sie, rein geographisch sei ja auch Bayern Ostdeutschland. Aber sie will davon nichts hören. Wir sind ein Land. Als gäbe es überhaupt keine Unterschiede, als hätte es die DDR nicht gegeben, die Grenze, die Grenzsteine, unterschiedliche Löhne, Mieten, Vergangenheit. Sie sagen: Hier ist alles ganz normal. »Und was sind wir?«, frage ich meine Mutter. »Wir sind natürlich aus der DDR«, sagt sie.

Das ist der alte Obelix-Witz: Hier gibt es keine Dicken, nur einen, und der ist nicht dick.

Die Macht über Namen ist ein Mittel der Politik.

Jedenfalls: Nirgends findet man diese Atmosphäre. Man kann sie nicht sehen, man weiß nicht, woher sie kommt. Du kommst in eine Stadt und begegnest dieser Atmosphäre. Du denkst, du kannst sie sehen. Aber du kannst es nicht. Woher kommt sie? Nicht aus den Assi-Hochhäusern, den leeren Dorfkneipen, ihren Kellnern, den Jugendzimmern, Volkshäusern, weder der Bürgermeister noch seine neu gekürte Zwiebelkönigin erzählen es dir.

Und diese Atmosphäre? Sie bleibt an dir kleben. Du schleppst sie mit, wohin du auch gehst. Rasselnde Blechdosen an deinem ostdeutschen Arsch. Unsere Nachbarin (von ihr habe ich nun mal einen Großteil meiner Bildung) erzählte uns manchmal von ihrer Tochter, die in der Schweiz lebte. Als sie sie einmal in der Schweiz besuchte und alle auf dem Balkon bei Kerzenschein über die Familie sprachen und von diesem »Früher«, habe die Tochter gesagt: »Red nicht so laut, hier weiß keiner, dass ich ausm Osten komme. Soll auch so bleiben, Mama.«

Ich habe einen Freund, den trafen wir jedes Jahr im Urlaub in Silz. Nein, nicht in Sils in der Schweiz und auch nicht auf Sylt, sondern in Silz. Bungalowsiedlung, Tannenzapfen, aus denen Ohrenkneifer krabbeln, Badesee mit FKK-Ufer, Sandboden, in dem man die Füße kühlt – fast wie am Meer. Dort gibt es Einraumbungalows, manche mit einem kleinen zweiten Zimmer, in dem ein Doppelstockbett für die Kinder steht, und alle mit Grill. Meine Eltern haben deswegen extra im Globus-Supermarkt, wo es ihrer Meinung nach noch anständige Bratwürste aus den Thüringer Fleischereien gibt, Bratwürste und Bretel gekauft, und meine Mutter hat die Bretel eingelegt mit Zwiebeln und Spreewaldgurken aus

Thüringen. Ich erinnere mich, dass sehr oft und sehr lange über Würste geredet wurde. Das war wichtig, es war nämlich nicht mehr so einfach, die eigenen Würste zu finden, jedenfalls eine Zeitlang, bis sie irgendwie plötzlich wieder verlangt wurden, vor allem von den Touristen. Da hat unsere Nachbarin mal gesagt: »Siehst, ist doch was Gutes im Osten.« Sie meinte die Würste. Sind ja auch super. Meine Mutter zum Beispiel, die hat ja nie koscher gelebt, sie mag sogar Schweinefleisch. Wie ein Widerstand. Wir als Kinder haben dann eher angefangen, das ein bisschen einzudämmen. Wir mochten das nicht. Das war wie ein Affront. »Unsere guten Thüringer Würste wollt ihr nicht essen? Wenn ich an früher denke, da hätten wir jemanden umgebracht, um so viele Würste essen zu können.« Ein richtiger Fetisch. Die Fetischisierung der Bratwurst. Ich mag sie sehr, auch wenn ich sie nicht esse.

Wenn wir also Urlaub in Silz machten, hingen wir die meiste Zeit in der Bungalowsiedlung oder am Strand herum oder vorm Grill. Für uns wurden extra Geflügelwiener gekauft. Es war wunderbar. Man denkt immer, solche Momente kann man nicht wiederholen. Das stimmt meistens, aber das Grillen und der Urlaub mit der Familie und die Abende mit dem Sonnenuntergang, an denen man so heftig von den Mücken zerstochen wurde, das haben wir alles wiederholt. Jahr für Jahr. Und es war immer gleich gut. Nichts nutzte sich da ab. Als hätte man es immer neu erlebt: die Wienerwürstchen und die Mücken. Herrlich.

Manchmal fuhren wir auch nach Warnemünde, aßen Broiler im Neptunhotel und bestaunten das Meer. Im Neptunhotel – das größte Hotel, das ich bis dahin betreten hatte, nein, ehrlich gesagt das einzige – gab es unten ein Bistro und eine Terrasse. Auf die durfte man sich aber nicht in Badebekleidung setzen, das war verboten. Wir hätten uns das nie erlaubt, im Bikini vom Strand wegzugehen, und ich glaube, den meisten anderen wäre das auch peinlich gewesen. Aber einmal setzte sich an unseren Nebentisch eine dicke Familie mit zwei Söhnen und die Frau trug einen grünen Badeanzug und der Mann vorn einen Bierbauch, so groß, dass er in einiger Entfernung zum Tisch bleiben musste. Sie sprachen einen Dialekt, den ich nicht kannte, irgendwas Südliches, sagte meine Mutter, daraus schlussfolgernd, dass wir die nördlichen in der Regel gut verstehen konnten. Jedenfalls »ausm Westen«. Die Kellnerin hat sie gebeten, etwas anzuziehen. Sie haben die Sachen aus der Badetasche herausgeholt und am Tisch angezogen. Das war so peinlich. Das sind so Sprüche, die du nie hören willst. So Sprüche wie: »Entschuldigen Sie, das war keine Sauna.« Oder einfach: »Bitte ziehen Sie sich etwas an.« Mein Bruder hat sich daraufhin den obersten Hemdknopf zugemacht.

Aber das Essen war lecker. Und meine Eltern haben sich sehr wohl gefühlt. Es gab immer Orangensaft und Pommes dazu.

In der Bungalowsiedlung stritt sich Sebastian mit uns. Er meinte, dass wir doch Jungen seien, Birgit und ich, weil wir kurze Haare trugen und nicht mit Puppen, sondern mit Bauklötzen spielten und später dann mit Matchbox-Autos. Am Anfang haben er und seine zwei Brüder uns verprügelt. Irgendwann wurden wir Freunde. Er kommt aus Anklam. Manchmal schreibt er noch. Jedes Wochenende fährt er nach Berlin, drei Tage Flucht in den Technokeller. Die goldene Rave-Ära. Du bist an einem Ort, einem neuen Ort, dem Keller, eingetaucht in eine neue Musik. Du bist nicht mehr allein. »Rave«, rufen sie. Etwas, das es ohne sie nicht geben würde. Eine Sache, für die du unentbehrlich bist. Du bist kein Nachgeborener. Hier bist du hineingeboren. In den Keller. Du nimmst Ecstasy, das es in ganz neuen Farben gibt, das hat vorher noch niemand genommen. Das können dir deine Eltern nicht verbieten, sie wissen gar nicht, was das ist. Es ist, als gründetest du in diesen dunklen Technokellern deine eigene Welt. Du weißt jetzt, dass eine neue Zeit beginnt. Deine Zeit.

Wir schauen den Zügen nach, stehen bereit, warten in den Startlöchern darauf, mit dem goldenen Zug nach Berlin zu fahren. Elektro, Elektro, ich weiß schon, das wird eine Leidenschaft für immer. Er schreibt mir Sachen wie: »Wenigstens kommst du nicht aus Anklam. Die erste Stadt, die sich judenfrei gemeldet hat. Na gute Nacht. Noch besser wäre, du kämst gar nicht aus der Zone. Tschau.« Und das stimmt. Sebastian ist vier Jahre älter. Das macht enorm viel aus. Er hat zum Beispiel noch ein Pioniertuch getragen. Ich weiß nicht einmal, welche Farbe die haben, und bin zu faul, im Internet nachzuschauen. Wie das wohl war, mit einem Tuch und in so einer Gruppe mit Aufgaben und Hierarchie usw.? Vier Jahre, das ist eine ganz andere Planetenlaufbahn. Die Technoszene zum Beispiel, die ist erst durch die Ostdeutschen groß geworden. Durch die vier Jahre älteren. Ich habe davon nichts mitbekommen. Meine Mutter schenkte mir einmal eine Technokassette zum Kindertag, da war ich zwölf. Ich bekam totale Angstzustände, als ich sie mir anhörte. Techno war noch weit weg. Das Meer auch. Ich habe eine Janis-Joplin-Platte. Kennt hier auch keiner. »Warum schreit die denn so?«, fragte mein Vater. »Weiß nicht. Weil sie was sagen will, vielleicht.« Er besah sich die Platte und vor allem die Zeitangaben. Er hatte die Eigenart, die Songs seiner Platten zu hören und mit einer Stoppuhr die Zeitangaben nachzuprüfen. Nach seiner Theorie wäre es richtiger, vom ersten bis zum letzten Ton zu messen. Dann kämen viel kürzere Spieldauern heraus. Ein Lied beginnt, sagt mein Vater, mit dem ersten Ton und endet mit dem letzten. Er hat ein paar Ordner angelegt, weil er für jede seiner Platten die Spieldauer kennen will. Zahlen sind Fakten. Ein Hobby.

Zu dem spezifischen Ostaussehen, zu dem jedenfalls, was sich Westdeutsche unter einem Ostdeutschen vorstellen, komme ich gleich. Im Urlaub haben wir es vermieden zu sagen, woher wir kommen. Wir haben keinen Dialekt, kamen deshalb gut durch. Niemand sagte: »Was? Du kommst ausm Osten? Siehst gar nicht so aus!« An die Ostsee kamen inzwischen weniger Ostdeutsche. Die Bungalowsiedlung war auch bald leer im Sommer. Jeder fuhr nach Teneriffa oder Ibiza oder Mallorca. An die Ostsee kamen Schwaben und Niedersachsen. Ganze ostdeutsche Urlaubsgebiete wie Kroatien und Ungarn sind pleitegegangen.

Wenn doch klar wurde, woher wir kamen, war viel Mitleid in den Augen des Gegenübers zu erkennen. Man hält uns für Diktaturenkinder, die schon im Kindergarten einen ganz enormen Knall bekommen haben: durch gemeinschaftliche Klogänge, Stasikindergärtnerinnen, freilaufendes Viehzeug und kommunistische Propaganda, die uns die Birne praktisch bis oben hin vollgeschissen hat.

Wobei ich zugeben muss, dass der Kindergarten eine ziemlich harte Nummer war, weil es da eine stramme 60-jährige Hexe gab, die mittags Schlafkontrollgänge machte. »Schlafen!«, forderte sie uns auf, und in jedem Doppelstockbett klappten vier Augenpaare zu, meine Schwester und ich quetschten uns oben gemeinsam auf eine Matratze, sie hinter mir, weil die Hexe kontrollieren kam und manchmal minutenlang auf unsere Augenlider starrte. Sie roch nach Zitronentee und Eukalyptusbonbons, und wer blinzelte, den fuhr sie an: »Ich hab dich blinzeln sehen! Geschlafen wird jetzt!« Nach einer Weile fanden wir heraus, dass sie diejenigen, denen kräftig Spucke vom Mundwinkel tropfte, in Ruhe ließ. Weil ich besser sabbern konnte als meine Schwester, legte sie sich hinter mich. Und ich ließ die Spucke großzügig auf das Kissen tropfen. Wenn wir nicht schliefen oder so taten als ob, sammelten wir Kastanien, Ilmproben und Fingerabdrücke und stellten sie aus. Wir erinnern uns gerne an unsere Frotteeschlafanzüge. So lebten wir von einer Sensation zur nächsten. Aber das Bedürfnis, nicht als Ostdeutsche erkannt zu werden – das stellte sich schon sehr bald nach dem Kindergarten ein und wurde so etwas wie eine über unser Leben gestellte Überschrift: Wir sind ein Volk.

Woher eigentlich das Bedürfnis nach Angleichung? Nach Vereinheitlichung? Lernen wir nicht in der Theorie, dass innerhalb einer Gesellschaft, unter einer Verfassung verschiedene soziale Prägungen aufeinandertreffen? Ist das nicht die Bedeutung von Pluralismus? Und heißt es nicht, dass dies eine Bereicherung ist für die Gesellschaft? Aber Ostdeutschland, das ist kein Pluralismus, das ist etwas ganz anderes: Das ist eine Zeit. Eine Phase. Eine Phase, in die du hineingeboren wirst und aus der du dich freizuschälen versuchst. Lucian, David, Jule, Florian: Niemandem von ihnen werden Sie anhören können, dass er oder sie aus Weimar stammt. Unseren Heimatdialekt können wir alle längst nicht mehr.

In Bayern fragte mich einmal eine Freundin, ob ich mit zum See kommen wolle. Ich sagte »no«. Sie sagte »Okay«

und verschwand mit dem Rest der Clique. Am Abend sah ich sie und ihre Freunde im Dunkeln über das Feld auf den bayerischen Hof laufen. Ich verstand nicht, warum sie ohne mich gegangen waren. Als ich sie später fragte, warum sie nicht Bescheid gesagt habe, runzelte sie die Stirn und sagte: »Du hast doch nein gesagt.«

»No heißt ja. Das ist doch klar.«

»No ist französisch und heißt nein.«

»Nein!«

»Doch!«

Dann haben alle gelacht: »Im Osten heißt Ja Nein!«

»Nein, das Ja klingt wie ein Nein, aber in Thüringen heißt das Ja.«

Wir hatten es durch Bayern ohne größere Unfälle geschafft, das war ja schon Ausland für uns. Also waren wir bereit für das Ausland, und was war mehr Ausland für uns als Frankreich? Aber dort kam es schon an der Grenze zu einem Zusammenprall gleich mehrerer Planeten, darunter ein französischer Mautbeamter, den mein Vater zunächst für einen Grenzbeamten hielt. Dieser fragte nach einem *billet*. *Billet?* Was soll das sein?, fragte mein Vater auf Deutsch. »Pardon?« Gegenfrage. Das ging so ein paarmal hin und her. Ich erinnere mich, wie mein Vater in den Rückspiegel schaute, mit Panik in der Stimme nach Französischkenntnissen in der Familie fragte und begann, mit dem Franzosen überraschend fließend Russisch zu sprechen. Er sagte plötzlich sehr viel auf Russisch. Niemand verstand ihn. Minutenlang ging das so. Es war ein wunderbarer Augenblick. Im Jahr 10 nach dem Mauerfall, also 1999, stehen wir an einer französischen Mautstation und mein Vater findet sich so gut zurecht, er könnte auch auf dem Mars sein: Spätestens, als mein Vater nach unverstandenen Gesten beginnt, mit dem Mautbeamten, den er für einen Grenzbeamten hält, und die Mautstation für eine Grenzstation, spätestens nach dem Satz »Hünniger« (»Ich heiße Hünniger und ich komme aus der DDR«) suchte der Mann, schien mir so, nach einem Notausgang. Wir auch. Vom Rücksitz aus war uns die Situation jedenfalls ganz klar: Damit wollten wir jetzt nichts zu tun haben. Wir schlossen die Augen und begannen leise, aber für alle Beteiligten hörbar, zu schnarchen, damit uns niemand ansprach. Wir standen mit dem Auto an der französischen Mautstation, drei Kinder mucksmäuschenstill hinten im Auto. Deutsch, Französisch, Achselzucken, Verzweiflung, Russisch, alles ging durcheinander. Hinter uns mit sicherem Abstand (deutsches Kennzeichen) eine extrem lange Schlange. Im Rückspiegel konnte ich sehen, wie meinem Vater die Augen immer weiter aus den Augenhöhlen hervortraten. Dann herrschte totale Stille. Drückende Schockstarre. Kein gutes Zeichen. Wir saßen im Auge des Orkans. Dann quietschten die Räder. Das bilde ich mir der Dramatik wegen natürlich ein. Also: Keine Räder quietschten. Fakt ist: Unsere Köpfe knickten nach vorn. Mein Vater hatte den Rückwärtsgang eingelegt und das Auto dann schnell gewendet. In den folgenden zehn Minuten fuhren wir als Geisterfahrer die französische Autobahn zurück bis zur nächsten Ausfahrt. Mit einiger Verzögerung, wir standen plötzlich lebendig und unverletzt am Rand einer Landstraße, fingen alle an zu schreien.

Seltsames Verhalten. Mir erscheint das eigenartig und logisch zugleich. Wir rollen in das Land hinein wie auf ein Mienenfeld. Diese Weltfremdheit, diese Unsicherheit, ein

Unwille zu improvisieren, Angst vor dem Fremden. Die völlige Unkenntnis: Ortsunkenntnis, Sprachunkenntnis. Die gänzliche Verzweiflung an der Umwelt. In diesem Moment möchte ich meine Eltern umarmen und einzäunen und vor der fremden Welt schützen.

Da standen wir am Straßenrand, uns war übel, wir beugten uns über den Asphalt, heftig atmend, trotz der Kotzkaugummis im Mund, die nötig waren, weil sich an den Geruch des Opel Vectra Caravan einfach keiner von uns so recht gewöhnen wollte. Ein Geruch war das, der dir in den Magen kriecht. Ich roch das Benzin im Trabi ja ganz gern, klar, dass das nicht so gesund war, aber sind wir uns da ganz sicher, dass dieser Plastikgestank, dieses beißende Kunstlederparfum besser ist? Ich weiß es nicht. Auch egal. Wir brauchten die Kotzkaugummis.

Was für ein Urlaub. Einmal raus ausm Plattenbaudreck! Richtige Freiheit erleben! Im Ausland! In Frankreich! Wir fuhren eine Strecke, die uns über die Schweiz nach Italien und dann erst nach Frankreich führte. Die letzte Radiodurchsage, die wir verstanden, kam in Bayern. Sie lautete: »810 000 Haushalte in den neuen Bundesländern haben schon einmal über einen Wohnsitz im Ausland nachgedacht. Dies ist das Ergebnis einer Befragung des Instituts für Marktforschung in Leipzig ...«

In Italien, da war auch so eine Sache auf der Autobahn. »Wieso haben denn die Schilder hier andere Farben?« Ich möchte nachträglich antworten: »Weil wir in einem anderen Land sind.« Damals fuhren wir über einige Bordsteine und Grünstreifen, weil mein Vater meinte: »Die haben vergessen, hier einen Abzweig einzubauen. Das ist doch total dämlich, wie soll man denn dann da hinüberkommen?« Ich weiß nicht. Waren es wirklich die Länder, die so idiotisch waren, oder waren wir es? Keine Ahnung. In solchen Momenten bot es sich an, die Klappe zu halten.

»Können wir nach Disneyland fahren?« Eine geflüsterte Frage. Antwort: »Spielt mal was.« Gab es in der DDR eigentlich auch eine Art Disneyland? Einen Freizeitpark? Hat man gelacht in der DDR?

Kleine, nicht so überzogene Disneylands, würden meine Eltern antworten, gab es vielleicht, als wäre ein bescheidener Rummel dennoch ein Rummel. Aber einer, der den Sozialismus predigt: Im Nachhinein wird dieses DDR-Land eine Art Wunschbild, ein Träume-Schäume-Fata-Morgana-Staat. Es gibt so viele verschiedene DDRs im Kopf, je nachdem, in wessen Gegenwart man sich befindet: Da gibt es das Stasiland, das Folterland, das Eingesperrt-Land, das Land, an dessen Grenze man erschossen wird, und es gibt die DDR, die kein Disneyland brauchte, weil sie selbst eines war, ein Traumland des ich weiß nicht was alles: das Traumland der kostenlosen Kindergärten, von mir aus. Traumland der orangefarbenen Tapeten, der einfachen Leute, des übersichtlichen Lebens. Traumland für Hineingeborene. Keine-Zukunftsangst-Traumland. Keine-Absturzgefahr-Traumland. Land der schöner gestylten Kaffeekannen. Traumland des Mitropa-Geschirrs.

Zwischenhalt in Cannes. Seit einer halben Stunde irren wir durch das Parkhaus. Die Reise ist strategisch geplant. Für jede Stadt, die wir anfahren wollen, haben wir einen Stadtplan dabei. Doch für Parkhäuser gibt es keinen Straßenplan. Gäbe es einen, wir hätten ihn. Wir suchen den Ausgang. Bisher hatten wir keine Probleme. Bisher verlief der Tag nach Plan. Wer hätte denn ahnen können, dass in Frankreich die

Wegweiser zum Ausgang fehlen? »Sortie« leuchtet es nur immerzu an den Kreuzungen.

Fünf Augenpaare zwinkern aus dem Opel Vectra in die Dunkelheit des Parkhauses. Einsam treiben wir durch ein dunkles, kaltes Universum. Von Untergeschoss zu Untergeschoss, für immer im Wurmloch gefangen, in Zeit und Raum verloren. Das Radio ist zu laut. Wir verstehen es sowieso nicht. Dann knistert es nur noch. Kein Empfang mehr. Wurmloch. Parkhaus. Auf der deutschen Autobahn sagte das Radio einmal: »Nach einem Bericht der F. A. Z. soll das Universum jetzt mindestens 125 Milliarden Galaxien – anstatt, wie bisher vermutet, einhundert – haben … Darauf deutet die große Rotverschiebung des Lichts von 6,68 hin.« Wir schauten kurz in den Himmel.

Im Parkhaus schauen wir auf eine graue Betondecke.

Wer hätte denn ahnen können, dass Parkhäuser in Frankreich eine Falle sind? Mein Vater stoppt den Wagen an einer Kreuzung, lässt den Kopf auf das Lenkrad fallen. Es nützt nichts, jemanden zu fragen, das haben wir bereits an der Mautstation versucht, doch es hat sich herausgestellt, dass in Frankreich Französisch gesprochen wird und in dieser Familie niemand des Französischen mächtig ist. Langsam rollten wir in das Land hinein, und mein Vater stellte ängstlich fest: »Hier sind überall Franzosen.« Und es wurden immer mehr!

»Wo verflucht geht es hier raus? Das kann doch nicht wahr sein! Radio aus! Wo ist die Karte?«

»Die Karte bringt hier nichts!«

»Ich erschieß mich gleich.«

»Soll ich jemanden fragen?«

»Lass mich suchen!«

»Such!«

Das erinnert mich daran, wie meine Eltern allein nach Berlin fuhren. Am Kurfürstendamm wollten sie einen Videorekorder kaufen. Meine Mutter ist in Berlin geboren. Den Kurfürstendamm aber haben beide noch nie zuvor betreten. »Ich kenn doch Berlin«, sagte meine Mutter, »das ist die Heimat. Heimat ist dort, wo man keinen Stadtplan braucht.« Nach vier Stunden riefen sie zu Hause an.

Ich ging ans Telefon. Mutter nervös. »Ich steh hier gerade auf dem Mehringdamm. Der muss ganz in der Nähe vom Kurfürstendamm sein. Hol bitte eine Karte und schau, wo wir sind. Ich warte so lange.«

»Wieso? Was ist los?«

»Das ist doch alles Mist, ich kenne Berlin, ich bin hier geboren. Den Rest kenn ich ausm Fernsehen. Dachte ich.« Pause. Klick. Eine Münze fiel.

Hier im Parkhaus vermute ich langsam so etwas wie Absicht. Meine Eltern sind wie unmündige Kinder oder sagen wir eingeschränkt geschäftsfähig, sie verkörpern die reine Ohnmacht, die sich in einem Anfall von epochalem Größenwahn auf die Reise begeben hat. Es ist eine selbstverschuldete Unmündigkeit, aus der sie einen einzigen Ausweg kennen, nämlich der ganzen Welt zu widersprechen und Widerstand zu leisten. Zum Beispiel in einem Parkhaus, in dem sie eigentlich nur dem einzigen aufleuchtenden Schild folgen sollten, »Sortie«, einem echten Ausweg. »Du, Mama, vielleicht versuchen wir es mal mit diesem ›Sortie‹? Kann ja nicht schlimmer werden.« Und dann stellen wir uns wieder schlafend und sabbern auf das Arnold-Schwarzenegger-T-Shirt meines Bruders, der in der Mitte sitzen muss.

Aus einer sehr arroganten Haltung heraus bemitleide ich

meine Eltern und frage mich, ob es nicht besser gewesen wäre, so eine Art Disneyland, so etwas wie einen großen Themenpark aus der DDR zu machen.

Das Hoheitsgebiet der DDR hätte mit dem Sturz der SED-Regierung in ein Reservat umgewandelt werden müssen. Ein Reservat, das Ostdeutschen erlaubt, unter ihren gewohnten Bedingungen weiterzuleben.

Um das Projekt zu finanzieren, hätte man Teile dieses Reservats in einen Themenpark umwandeln können, man hätte einfach nur an den Eingängen von Kombinaten Kassenhäuschen aufstellen müssen und schon hätten Kartenabreißer angestellt werden können.

Seit vielen Jahren wird das Konzept am Checkpoint Charlie erfolgreich erprobt. Sogar Margot Honecker könnte jeden Abend außer montags in einer Varieté-Show auf ihr »Experiment« anstoßen, und in einem Schauprozess ähnlich dem London Dungeon könnten für alle gänsehautfreudigen Besucher ehemalige Stasispitzel verurteilt werden. Falsche Grenzer könnten Fantasiestempel in die Pässe hämmern. Tomaten- und Kartoffelbauern würden für westdeutsche, amerikanische und chinesische Großstädter LPG-Führungen geben. Arbeitslosigkeit wäre so nie ein Thema geworden. Blühende Landschaften wären das geworden: die DDR als großer Themenpark. Als Maskottchen schlage ich das Sandmännchen vor.

Für 64 Millionen Deutsche ist die DDR Ausland. Denken die Deutschen an Ostdeutschland, denken sie an grau und kalt, grau und verfallene Häuser, grau und grau.

Auch lange nach 1989 ist Ostdeutschland für die meisten Westdeutschen noch immer ein fremdes Land.

Hans, unser Rechtsanwalt, schenkte mir einen DDR-Reiseführer, 1990 in Westdeutschland erschienen, in der Reihe *Reise-Know-how:* »Hat meine Frau gekauft. Aber den brauchen wir doch gar nicht.«

Wir schafften uns nämlich genau drei Dinge an nach der Wende: einen Videorekorder, einen Steuerberater und einen Rechtsanwalt. Unser Rechtsanwalt Hans kam 1991 aus Frankfurt am Main nach Weimar. An einem sonnigen Tag saß mein Vater auf dem Wartestuhl seiner Kanzlei und sagte zu mir: »Der Westen hat uns einfach überrollt.«

Und dann ging die Tür auf und der Westen stand vor uns. Er war ein Kavalier mit hochgebürsteten schwarzen Locken. So etwas wie eine Naturgewalt. Der Raum war voll, wenn er ihn betrat, seine Stimme hörte man schon von weitem. Seine Krawatten waren schön, seine Anzüge schwarz oder dunkelgrau, seine weißen Hemden gesteift. Die Frauen in unserem Viertel sagten: »Mal ein Mann mit Schmiss.« So schön seine Frau war, so schreckeinflößend war sie. Wir hatten Angst vor ihr, wenn sie in ihren schönen Pullovern hinter Hans zur Tür hereinwandelte. Dann bekam sie ein Kind und blieb zu Hause. Hans hatte auch eine Modelleisenbahn.

Der Reiseführer hat mir mehr erzählt als jede Geschichtsstunde.

Ich habe ihn auch in Frankreich dabei. Man kann nie wissen, wie die Eltern in fremder Umgebung reagieren.

Obwohl die Autoren überrascht sind, »daß der östliche Teil unseres Vaterlandes ein so vielseitiges, ein so attraktives und auch stellenweise ein so ungewöhnliches Reiseziel sein könnte«, und den Touristen auffordern, »vorurteilsfrei, mit offenen Augen und offenem Herzen« zu reisen und »bitte nicht den reichen Onkel aus dem Westen [zu spielen], der mit Geld um sich wirft und alle nach seinem Kommando tanzen läßt«, erscheint die DDR in dem Buch wie die Mongolei. Für Westdeutsche ist die DDR ja vielleicht auch so fremd wie die Mongolei.

Im Kapitel »1.2.5 Freud und Leid im Straßenverkehr« heißt es zu den Ampelphasen: »Es scheint, daß auch hier Ordnung und Gehorsam vor dem Prinzip Vernunft und freier Wille rangiert ...« Das ist süßer Ideologietrash. Kalter Krieg. Es würde mich nicht wundern, wenn der Autor bald Dinosaurierknochen ausgräbt. Kalter Krieg, Dinosaurier, Gamaschen.

Die Revolution wird gelobt, als wären wir nun endlich in der besten aller Welten angekommen. Die Wende gilt als außerideologisches, bisher lediglich versäumtes historisches Ereignis und als Sieg der menschlichen Natur. Der Kapitalismus als eine Art Urzustand. Paradoxerweise wird die Revolution als etwas Gutes bewertet und gleichzeitig als etwas nicht Nachahmenswertes. Ich habe eine Großdemonstration in Deutschland gegen Ungerechtigkeit, Armut, Korruption, absonderliche Kriegseinsätze, jährlich 8000 Drogentote und Ähnliches noch nicht erlebt. Auch ich krieche vor dem Bestehenden.

Ist der Kapitalismus eigentlich der Urzustand des Menschen? Sind wir glücklicher als jemals zuvor? Klüger? Haben Sie das Gefühl, an einer Ampel wartend, wenn Sie mal nach links oder rechts auf die Profile Ihrer Mitmenschen schauen, dass wir klüger, netter, schöner, nein, gerechter, toleranter, höflicher geworden sind? Wie auch? Denn Kapitalismus gründet sich nicht auf Erfolg oder die Aussicht auf Erfolg. Der Antrieb im Kapitalismus, seine Basis ist Angst. Angst vor dem Abstieg,

Angst vor dem Abseits. Angst, zu verlieren. Wir freuen uns, wenn in anderen Ländern Revolutionen stattfinden, gegen Machthaber, die wir eine Woche zuvor noch nicht einmal kannten, und jubeln den Völkern zu. Wir aber, in unserem System, sind die besten, gefügigsten Untertanen, die sich ein Machthaber nur vorstellen kann. Der Idee von Widerstand im eigenen Land wird jede Originalität abgesprochen.

Der Geist der Utopie weht, wo Zusammenbrüche drohen oder schon eingetreten sind. Philosophie ist immer die Philosophie der Rettung. Wir sehen heute die Versuche, berechenbare Gefahren einzudämmen. Die Gegenkräfte, die um Macht, Einfluss oder Gewinn fürchten müssen, ergehen sich in Verharmlosungsstrategien, aber nirgendwo kann man eine Rückbesinnung auf »sozialistisch-demokratische Geschäftsmodelle« erkennen, die in der BRD in den Siebzigern immerhin noch diskutiert wurden. Mich erinnert die Macht der Kapitalmärkte an die Monopolherrschaft der SED, die letztlich, und dafür gibt es kaum ein Bewusstsein, einer der ersten Großkonzerne der deutschen Wirtschaft war. Monopolsozialismus und Monopolkapitalismus sind sich da am ähnlichsten, wo sie sich über die Politik und über die Bürger stellen, wenn für sie Opfer gebracht werden, wenn an ihen die Stabilität des Staates hängt. Der Sozialismus ist letztlich nur das Alter Ego unserer Gegenwart. Die Unterschiede kenne ich. Was ist eigentlich mit den Ähnlichkeiten? Der Sozialismus hätte ein Warnschild sein können. Weil er aber als ein Ding der besonderen Art betrachtet wird, hilft uns die historische Erfahrung nicht mehr. Ich habe nichts daraus gelernt. Aus der Erfahrung des Sozialismus ziehe ich nur einen Schluss: Jede Alternative zum Jetzt ist eine falsche. Und das ist schließlich das Ende der Geschichte. Das Ende von Utopie. Die Siegerordnung erklärt die Vergangenheit für einen Fehltritt, einen Ausrutscher, eine Irreführung, Verführung. Eine Ideologie wurde durch die nächste abgelöst. Ganz ohne Systemkonkurrenz. In der Welt gibt es nichts anderes mehr.

Jetzt habe ich keine Angst mehr. Ich könnte in einem Erdloch leben und es wäre in Ordnung. Ehrlich gesagt: Ich scheiß auf eure Ladendetektive.

»Wer im sozialistischen Paradies unterwegs ist, gewinnt den Eindruck, daß die Farbskala auf ein Minimum reduziert wurde. Grau ist die allgegenwärtige Tagesfarbe, abweichende Farben gehörten bei der SED in die Kategorie Subversion oder was auch immer.«

Chemnitz sei »herzlos aufgebaut«, Greifswald »teilruiniert«, und Dresden habe den Titel »Elbflorenz« längst verloren.

Und überhaupt: »Züge und Busse fahren nicht unbedingt dann, wenn man sie braucht …«

Hier auf dem Mars: »Erkundigen Sie sich vor Ort nach den Öffnungszeiten der Restaurants, sie sind weit bekannt (viele Anwohner halten sie sogar im Notizbuch fest).«

Wenn Sie zum Mars reisen: »Um nicht unnötig viel Zeit mit Suchen zu verbringen, sollte man – je nach Geschmack und Bedarf natürlich – mitnehmen: Kaffee, Tee, Müsli, Reis, Nudeln, Vollkornbrot, eventuell einige Dosen und für den Anfang der Reise natürlich frisches Obst und Gemüse.«

Zusammengefasst bewegte man sich auf dem DDR-Mars in einem Trümmerhaufen: »Ganze Häuserzeilen stürzen ein. Der Sozialismus scheint wie ein zerstörerischer Krieg über das Land gegangen zu sein. Es ist der Kommandowirtschaft nicht gelungen, Altbauten zu erhalten, sie zu sanieren und mit einem Minimum an Komfort auszustatten. Statt dessen hat man Dächer bewußt nicht geflickt, damit Häuser verrotteten und sich Sanierungsprobleme ohne Zutun lösten. In den Kapiteln 3–7 werden Sie mehr als genug unser Entsetzen über den Umgang mit altehrwürdigen Häusern, aber auch historisch wertvoller Bausubstanz wie Schlössern etc. lesen. Wir waren häufig so deprimiert, auch so empört, daß wir von anfänglicher Zurückhaltung und Toleranz ließen und die Eindrücke beim Namen nannten.«

Zum Beispiel zum Straßenverkehr: »In der DDR müssen Radfahrer grundsätzlich hintereinander fahren.«

Und: »*Schlange stehen.* Es ist uns täglich viele Male passiert, daß wir auf einer Straße anhielten, um z. B. nach einer Richtung zu fragen. Hinter uns fahrende Autos zogen nicht etwa an uns vorbei, sondern hielten auch an. Wenn wir dann z. B. zum Wenden rückwärts fahren wollten, mußten wir erst mal die Maikäfer-Trabis vorbeiwinken, die häufig so dicht auffuhren, daß sie aus den VW-Bus-Rückspiegeln nur mit Mühe auszumachen waren.«

Nachdem sich die Hälfte der Ostdeutschen in die Schweiz und nach Stuttgart abgesetzt hat oder mit dem neuen Benz in den Tod gerast ist, kann ich mir vorstellen, dass man gern auch mal wartet, wenn ein Auto auf der Straße wenden will. Mehr kann ich vor Lachen nicht dazu sagen.

Für Westdeutsche muss Ostdeutschland so fremd sein wie der Amazonas. Eine Abiturklasse in Nordrhein-Westfalen fragte sich 1992 in einem Aufsatz, ob die Ostdeutschen genug zu essen hätten, ob man in der Zone auch Weihnachten feiere. »Schön, Sie wiederzusehen«, sagte Birgit, gab unserem Weihnachtsmann die Hand und führte ihn über den schmalen Flur ins Wohnzimmer. Der Weihnachtsmann bekam eine Packung Karo-Zigaretten als Dankeschön.

Es ist nicht die Welt, in der man sich wiederfinden will. Hier kann man aufwachsen und sonst nichts. Ein Jahr nachdem die Abiturklasse in Nordrhein-Westfalen dachte, dass wir verhungern, werde ich in die zweite Klasse versetzt.

Wir lernen, dass Deutschland »14 Bundesländer« hat. »Nein, Entschuldigung, 16«, sagt Frau Knorr, die mit Mühe in die zweite Klasse versetzt wurde. Worauf Jule sich meldet. »Ja, bitte, Julia, du hast eine Frage?«

»Frau Knorr?«

»Ja, Julia?«

»Frau Knorr, was ist mit dem Westen?«

»Und ich möchte das nicht mehr hören.«

»Aber mein Papa ist in'n Westen rüber.«

»Und warum ist dein Vater im Westen?«

»Also gibt es den Westen.«

»Den Westen gibt's nicht mehr«, schreit Melanie und dann alle. Von der dritten Reihe aus wirken die Stimmen wie ein Gewitter. »Fidschi«, sagt Christian, weil Jules Vater Vietnamese ist, manche behaupten, ihn zu kennen, weil er ständig den Muttis und Papis alles Mögliche andreht. Sein Name wird herumgereicht wie später die Tupperwarenkontakte. Jule sagt, er sei Architekt. Jule ist die Zweitbeste in der Klasse. Jule hasst aber Mathe, genau wie jeder andere auch. Sie kann ja nichts dafür, sagt sie, dass Mathe so leicht ist. Ihr Vater sagt immer: »Julia, eines musst du dir merken: Wir sind besser.«

Frau Knorr: »Später werden einige von euch vielleicht keine Arbeit finden, deshalb … Andrea, was habe ich gerade gesagt?«

»Äh, hm.«

»Andrea, du landest als Erstes auf der Straße und jetzt bock nicht wieder rum.«

Frau Knorr nimmt die Brille ab, ihr Brillenband ist regenbogenfarben. Die Brille schaukelt. Frau Knorr massiert sich die Nase.

»Julia, lies bitte dein schönstes Ferienerlebnis vor.«

Jule: »Opa hat den Trabi plattgemacht. Wir sind auf ein Feld rausgefahren und haben ihn angezündet. Opa hat ihn angezündet. Wir haben gewartet. Es war dann noch wärmer als vorher und wir sind zur Abkühlung baden gegangen. Mama bekam Depressionen. Papa wurde Dipl.-Ing. Uroma ist jetzt tot, aber wir haben einen Wellensittich bekommen. Der ist das Schönste, er ist gelb, aber er kann nicht sprechen. Er piept. Wir nennen ihn Pieps. Papa ist im Westen, bei Ingolstadt. Papa kommt als reicher Cowboy zurück. Das ist ungefähr alles.«

Cannes verlassen wir nach einem Heulkrampf meines Bruders, weil der nach einer Stunde Parkhaus einen klaustrophobischen Anfall bekommen hat. »Platzangst kenne ich gar nicht«, sagt mein Vater. »Ich stand mal auf dem Roten Platz in Moskau. Das war beklemmend. Weil es so weit war.« Wir stehen auf dem Sandstrand in Cassis wie in einer Schneelandschaft. Nachdem wir uns mehrmals verfahren haben, weil wir im Kreisverkehr zwei- oder dreimal den falschen Ausgang genommen haben, ist es zu spät, Quartier zu beziehen. Das ist ein Problem. Meine Eltern denken im Meer darüber nach. Es ist kalt geworden. Die Strandtasche ist schwer, wir haben uns vorsorglich Gurken, ein großes Brot, zwei Packungen Leibniz-Butterkekse, zartes Heringsfilet mit cremiger Tomatensoße in der Dose mitgenommen. Mama öffnet die Dose mit Ananas. Es gibt was zu feiern: Wir leben noch. Wir sitzen am Meer. Wir erwarten Delphine. Ein Hündchen kommt gelaufen. Süß. »Nicht anfassen, der hat Tollwut.« Cassis, Steilküste. Der Hafen glänzt. Das Salz poliert die Straßen und Cafés.

Als wir zum Auto zurückgehen, um eine Pension zu suchen, ist das Fenster auf der Beifahrerseite eingeschlagen. Um diesen Parkplatz zu finden, sind wir mehrfach im Karree gefahren, strategische Parkplatzsuche, um freie Stellplätze einzukreisen, einzukesseln, zu umzingeln. Und dann haben wir diesen hier in einer engen Seitenstraße gefunden.

Auf dem Gehweg und im Auto sind tausend kleine Glassplitter verteilt. Vier Teenager fahren mit Mopeds an uns vorbei. Dem letzten hängt unser Fotoapparat um den Hals. 20 Minuten später gehen meine Mutter und ich über die schmale Straße zur Polizeistation, mindestens zehn Schritte, Klingeln, ein Rauschen in der Gegensprechanlage, Stille. Sie liegt nahezu gegenüber dem Tatort, hat aber leider am Freitag nur bis 18 Uhr geöffnet, weshalb vor dem Ladenfenster auch eine große weiße Jalousie heruntergelassen ist. Es wird dunkel. Die Lichter der Laternen sind orange, die ganze Welt ist in ein dämmeriges Orange getaucht, die Sandsteinwände, der Asphalt, die Glassplitter. Papa hat einen Sonnenbrand. Die Nächte in Frankreich, wird man sich später vielleicht erinnern, sind nicht schwarz, sie sind orange. Papa schaut auf die Karte, unsere Ferienwohnung können wir heute nicht mehr beziehen. Wohin dann? »Wir fahren nach Marseille«, sagt mein Vater, »wir brauchen jetzt Sicherheit. Wir brauchen ein Parkhaus.«

»Lass uns lieber in Marseille als Erstes ein Hotel finden und das Auto einfach an eine Häuserwand stellen. In ein

Parkhaus muss ich heute nicht unbedingt noch einmal. Als Erstes brauch ich ein Bett.«

Es ist 23 Uhr, als wir von der Autobahn ab- und auf einer breiten Straße nach Marseille hineinfahren. Kaum ein entgegenkommendes Auto, die Häuser grau und wie gerade vom Meer freigegeben. Ein kleiner Junge sitzt auf einem Bordstein, wir fahren an ihm vorbei und unsere Augen haften an ihm, als hätten wir einen Wolf gesehen. Nacht, Kind, nach 23 Uhr allein auf der Straße, kleiner Junge mit Skateboard. Marseille sagt: »Herzlich willkommen in der Hölle.« Das Schöne an Marseille ist genau das. Marseille gibt nicht vor zu sein, was es nicht ist. Wir wissen sofort, mit wem wir es zu tun haben. Draußen die Nacht, im Auto bleibt es still, Papa drückt den Knopf an der Tür runter, wir fahren mit etwa 10 km/h in das Hafenviertel und versehentlich auf die Straßenbahnschienen. Hinter uns hupt auch schon die Bahn, schnell über den Bordstein rüber, das Auto setzt auf, ein unangenehmes kratzendes, schabendes, reißendes Geräusch. Egal. Wir suchen das nächste Hotel, klingeln. Ein Mann öffnet. Er ist müde, er gähnt, aber in Hotels muss man nicht sprechen. Ist ja klar, was wir wollen. Die Wände sind mit rotem, dickem Teppich tapeziert und dazu etwas schief, die Gänge werden hinten enger. Glaube ich. Fünf ängstliche Augenpaare führt er in ein Zimmer. Als er das Licht anknipst, erschrickt auf den weißen Fliesen eine Kakerlake und erstarrt. Der Mann zieht seinen Pantoffel vom rechten Fuß und klatscht sie tot, zieht den Pantoffel wieder an und kickt die tote Kakerlake hinaus, zwischen unseren nach innen gestellten, weichen Knien hindurch. Gerade als wir richtig ankommen in Frankreich, plant mein Vater die Rückfahrt. Er sitzt auf dem Bett und sagt: »Ist wie Russland.« Dann kippt er nach hinten und schläft ein, am nächsten Tag essen wir Eis. Wir sind glücklich.

Wenn mein Vater von Russland erzählt, beginnt er die Geschichte mit dem Satz: »Eigentlich wollte ich Tischler werden.« Sein Vater war LPG-Vorsitzender, sein Onkel in der Kreisleitung der SED, Chef in der Abteilung Landwirtschaft, sein Cousin Sekretär des Vorsitzenden des Rates des Kreises – das war so etwas wie ein Landrat, später arbeitete er in der Versorgungsabteilung und seit sechs Jahren nun bei Coca-Cola. Meine Großväter saßen gewissermaßen in den Managementetagen des Großkonzerns SED. Mein Vater sagt es ungern, aber er gehörte zur Elite, und als Elite hatte man nicht Tischler zu werden, da hatte man zu studieren. Ich denke, heute ist das nicht anders. Das ist immer so. Als ich eingeschult wurde, kam die komplette ehemalige SED-Kreisleitung zum Kaffeetrinken und aß Schwarzwälder Kirschtorte, und meine Mutter kaufte extra eine Kaffeemaschine. Die wurde dann nur für die Kreisleitung oder die Familie herausgeholt. Sonst kochten wir Tee mit einem goldenen Samowar aus Russland.

Dort stand mein Vater in den Siebzigern bereit, Elite zu werden, und hatte Heimweh: Fünf Jahre studierte er in Moskau und Gorki, einer Stadt, die es in Russland mindestens zweimal gibt und in Weißrussland fünfmal, und in einem der weißrussischen Gorkis saß er mit einem Kubaner auf dem Zimmer und wartete, dass alles vorbeiging. Aus der Zeit gibt es eine interessante Geschichte. Eine Geschichte, durch die ich verstanden habe, dass es Menschen gibt, die überhaupt kein Bedürfnis haben, ins Ausland zu reisen: In einer Nacht wurden mein Vater und der Kubaner zu einem russischen Familienfest eingeladen. Das Essen war fett, der

Wodka wurde aus großen Gläsern getrunken. Ein Glas leerte mein Vater zur Hälfte, dann wankte er von der Gesellschaft weg, die inzwischen im Garten tanzte und sang. Er lief über die Landstraße, über ihm ein riesiges schwarzes Fenster von Himmel und Sternen, und er sagte sich: »Heute Nacht bleibt das Laken kalt. Ich fahr nach Hause.« Vor einem Haus sah er einen alten Wagen stehen. Um den lief er dreimal herum, öffnete dann die Fahrertür und setzte sich hinter das Steuer. Da kamen drei Russen aus dem Haus gerannt, zerrten ihn aus dem Wagen, einer knallte ihm die Faust ins Gesicht. Mein Vater rief: »Nemezki.« Und sofort ließen sie ihn los, halfen ihm hoch, klopften ihm den Staub von der Schulter und entschuldigten sich. Das finde ich erstaunlich, dass Deutsche nur 30 Jahre, nachdem Hitler Millionen von Menschen weggemetzelt hat, wieder höflich behandelt werden. Im Osten ist der Aussöhnung der Befehl der Verbrüderung vorausgegangen. Während die Aussöhnung mit Frankreich eine westdeutsche Angelegenheit gewesen ist. Da wird man nicht ganz so höflich behandelt.

Über Polen, Tschechien, die Ukraine, Russland ist durch Hitler eine Zerstörung gekommen, die Millionen Leichen hinterließ. Von sechs Millionen vergasten Juden sind in Deutschland eine halbe Million in den KZ umgekommen. In Polen und Tschechien, der Ukraine sind es viele Millionen. Unter Deutschland sollten diese Länder darüber hinaus eine Art Kolonie werden. Das war der Background der Gründung der DDR. Das war die Schuld. Die Ausgangslage der DDR war ein Gefühl. Ziel war nicht Vernichtung. Ziel sollte sein, den Menschen zum Besseren zu erziehen. Ich finde das, in meiner komplett utopiefreien Welt, einen interessanten Gedanken. Sie war einerseits die staatliche Antwort auf den

Zweiten Weltkrieg, andererseits wird der wichtige Beitrag zur Aussöhnung mit dem Osten ignoriert. Im Grunde war es die DDR, die die Deutschen an ihre Grenzen im Osten gewöhnt hat. Für mich waren sie zwar niemals ein Thema, vermutlich waren sie mir vor drei Jahren nicht einmal bewusst, viel eher kannte ich die Trauer mancher Westdeutscher um Elsass-Lothringen. Es ist so immerhin gelungen, dass die Oder-Neiße-Grenze für junge Deutsche keine »vorübergehende« ist. Die Grenze ist normal geworden. Nach dem Holocaust ist eine Diskussion darüber, Grenzen zu revidieren oder Land zurückzufordern, unmöglich. Selbstverständlich ist nach dem Dritten Reich gar nichts mehr. Eine neue Ordnung musste beginnen, und wenn die DDR eines gebracht hat, dann immerhin, dass wir uns an unsere östlichen Grenzen gewöhnt haben.

Selbst Konrad Adenauer versprach kurz nach dem Krieg eine baldige Rückkehr der Ostvertriebenen. Ich möchte ihr Leid nicht relativieren. Aber viele Vertriebene sind Deutsche, die sich mit dem Einmarsch der Nazis in Polen angesiedelt hatten, weil mit den Nazigesetzen in Deutschland nur noch der älteste Sohn einen Hof erben konnte. Damit unterstützten die Nazis die Ausdehnung nach Osten.

Apropos Bayern: 20 Jahre nachdem meine Eltern das letzte Mal im Ausland, also in Russland, gewesen waren, planten wir eine Fahrt nach Bayern. Wieder war es unser Rechtsanwalt, der uns den Vorschlag machte und die Adresse von Baron von Schnurbein gab. Der besaß einen Hof, eine Forellenzucht, eine Menge Wald und ein großes Bauernhaus mittendrin, dessen Einsamkeit meinen Eltern gefiel. Dreimal mussten wir vorher zum Impfen, gegen Zecken, denn die seien bestialisch im Bayerischen Wald. Es existiert stundenlanges Filmmaterial, von dem Moment, als wir die bayerische Grenze passierten, bis zur Heimreise. Jeder Baum wurde festgehalten, jede Straße, unser Weg aus dem Wald in die Stadt, unser Weg an den See, Baden im Fluss, Natur, Forellenzucht, Forellen bei der Fütterung usw. Ein einziges Mal sind wir essen gegangen, also auswärts, also in ein richtiges Restaurant. In Regen, der nächstgrößeren Stadt, gingen wir zum Chinesen. Sehr chinesisch war da alles, mit goldenen Löwen vor der Tür und einem Aquarium im Eingang, an dem wir eine Weile standen und die Fische bewunderten. Wir bestellten irgendwas, Ente, Reis, Glasnudeln. Das Gemüse war so scharf, dass wir Kinder kaum etwas davon herunterbekamen. Wir wurden aufgefordert, den Teller zu leeren. »Nein, ich kann nicht mehr, es ist zu scharf.«

»Das wird jetzt gegessen.«

»Kann ich eine Cola haben, bitte?« Der Erste begann zu weinen.

»Das hilft nicht gegen das Scharfe.«

»Bitte.«

Daraufhin heulten wir alle drei.

Mit dem Baron verstand sich mein Vater deshalb so gut, weil sie beide in einer alten – ihrer alten – Welt lebten. Wenn sie von Heimat sprachen, meinten sie nicht die Gegenwart. Beide hegten eine Sympathie für die verlorene Sache, so hat Gómez Dávila einmal über das Wesen des Reaktionärs gesagt. »Denn er sieht, so weit sein Auge blickt, in dieser Gesellschaft nichts, was sich zu konservieren lohnte. Er sieht überall und überscharf das Verlorene.« Der Baron stand auf, wenn seine Frau den Tisch verließ, und sprach mit einer

Pfeife in der Hand so lange im Stehen, bis seine Frau wieder hereinkam und sich setzte. Ihre Kinder besuchten das Internat in Salem. Sie waren munter, klug, frech und sehr nett. Wir erzählten uns die krassesten Horrorgeschichten. Der Hof war niemals still. Wir waren Zaungäste dort, mit einer Welt konfrontiert, die wir nicht wirklich betreten und auch nicht nachahmen konnten. Sie hatten eine Geschichte. Tradition. Rituale. Das machte sie unabhängig, keine äußeren Ereignisse hätten an diesem Leben im Kern etwas verändern können. In ihrer Gegenwart hob sich unweigerlich die eigene Stimmung. Gleichzeitig wussten wir hier, was uns fehlte, nämlich etwas, worauf wir uns beziehen konnten. Eine Identität. Uns klebte die DDR am Arsch, eine Diktatur, sonst nichts. Wo sollten wir suchen? Zurückspringen in die Familie vor 80 Jahren vielleicht? Der Baron sprach von »Holzpreisen« und Königen und zeigte uns seine Forellenzucht – drei oder vier Deiche am Waldrand, über die man jeweils mit viel Anlauf vielleicht hätte springen können. Wenn der Baron das Futter mit viel Schwung über das Wasser streute, begannen Hunderte Forellen das Wasser aufzuwühlen, dass es sprudelte wie im Whirlpool. Wenn es kein Futter gab, spiegelten sich nur die Libellen und ein paar Mücken, der Himmel und man selbst darin.

Einmal hörten wir in der Küche im Radio eine Werbung für Reisen in die Karibik: »Auch Sie können ins Paradies fliegen.« Behauptete da einer.

»Das Paradies ist hier!«, sagte die Frau vom Baron und schälte eine Gurke.

*

I saw the best minds of my generation destroyed by
        madness, starving hysterical naked,
dragging themselves through the negro streets at dawn
        looking for an angry fix,
angelheaded hipsters burning for the ancient heavenly
        connection to the starry dynamo in the machin-
        ery of night,
who poverty and tatters and hollow-eyed and high sat
        up smoking in the supernatural darkness of
        cold-water flats floating across the tops of cities
        contemplating jazz,
who bared their brains to Heaven under the El and
        saw Mohammedan angels staggering on tene-
        ment roofs illuminated,
who passed through universities with radiant cool eyes
        hallucinating Arkansas and Blake-light tragedy
        among the scholars of war,
who were expelled from the academies for crazy &
        publishing obscene odes on the windows of the
        skull,
who cowered in unshaven rooms in underwear, burn-
        ing their money in wastebaskets and listening
        to the Terror through the wall,
who got busted in their pubic beards returning through
        Laredo with a belt of marijuana for New York,
who ate fire in paint hotels or drank turpentine in
        Paradise Alley, death, or purgatoried their
        torsos night after night
with dreams, with drugs, with waking nightmares, al-
        cohol and cock and endless balls (…)

Aus: Allen Ginsberg, *Howl*

Danksagung

Jule Doan, Lucian Paterman und David Wildner, Maxim Biller, Jan Bölsche, Michael Brake, William Burroughs, Michael Gaeb, Agnes Giese, Allen Ginsberg, Gudrun Gut, Karin Hanczewski, Jana Hensel, Rolf, Karin, Birgit und Michael Hünniger, Florian Illies, Jens Jessen, Maren Kaiser, Dirk Knipphals, Tobias Kruse, Oliver Kucharski, Uwe Maeffert, Sven Marquardt, Thomas Meinecke, Nils Minkmar, Peter Möller, Kathrin Passig, Peter Richter, Martin Schneider, Claudius Seidl, Adam Soboczynski, Späti am Schlesi, Franz Walter

Besonderer Dank gilt meinen Verlegern Tom Kraushaar und Michael Zöllner.

Leif Randt

»Ein fast epochaler Generationenroman.« FAZ

Leif Randt
*Schimmernder Dunst
über CobyCounty*

CobyCounty ist eine Utopie aus Kunststoff, eine brillant irreale und doch greifbar nahe Welt, in der Kulturschaffende viel Geld verdienen, das Meer von überall zu sehen ist und Lebensglück scheinbar zur Grundausstattung gehört. Leif Randts zweiter Roman erzählt radikal, humorvoll und mit sanfter Bosheit davon, dass die Bedrohung dieser heilen Welt in ihr selbst liegt.

»Subtil, klug und cool, so cool, dass es beunruhigend ist.« KulturSPIEGEL

Weitere Informationen: www.berlinverlag.de